Mon Etoile

Marie CLEMENSE

MON ETOILE

Csillagom

BOD

© 2012 Nom de l'auteur/Détenteur des droits **Marie CLEMENSE**

Edition : BoD - Books on Demand
12/14 rond-point des Champs Elysées, 75008 Paris
Imprimé par Books on Demand GmbH, Norderstedt, Allemagne
ISBN : 9782322035823
Dépôt légal : Avril 2014

En souvenir de cette « tante « (Néni)
Qui sur un quai de gare en Allemagne m'a appelée
Csillagom (mon étoile)

Merci à mon compagnon pour son aide dans cet ouvrage

Merci à mon fils pour ces années de bonheur

Merci à Mariskanéni qui m'a tant donné

Merci à tous ceux qui m'ont tendu la main

Je suis arrivée dans ce monde en mai 1945 sans que personne ne m'attende. De mère « fille mère » comme on disait, et de père inconnu. Après quelques mois, ma mère me donna à ma grand'mère Céline, comme un ballot, sans se retourner. Ma grand'mère avait soixante trois ans, avec pour toute ressource une pension d'économiquement faible.

Je n'ai aucun souvenir de ma petite enfance, on en a jamais parlé, j'imagine les difficultés qu'avait Céline !

Ma grand'mère était toute petite, toute mince, des yeux bleus perçants, sévère. Jamais elle n'embrassait personne, était presque toujours en colère. J'ai vécu avec elle toute ma jeunesse dans une chambre, cuisine et jamais elle n'était couchée. Quand je me levais, elle était prête et quand je me couchais, elle était toujours debout. Une seule fois je l'ai surprise en train de terminer son chignon blanc, elle avait les cheveux très longs….elle m'a immédiatement renvoyée à la chambre.

Elle avait eu une enfance heureuse, avait une sœur ; son père possédait une petite fabrique de chocolat en Belgique. Il était parti aux Amériques pour faire fortune, mais il était revenu comme il était parti, avec toutefois des tas d'histoires qu'elle me racontait les bons jours. Elle était allée longtemps à l'école pour son époque et avait été bien éduquée. Très jeune, elle avait rencontré mon grand-père Aramis, qu'elle avait adoré toute sa vie ; elle s'était enfuit de chez elle pour vivre avec lui sur une péniche. Sa vie avait été dure, des années durant, elle était derrière les chevaux qui tiraient la péniche, souvent enceinte, car elle a eu dix enfants.

Aramis jouait de l'accordéon, il animait les bals où elle n'avait pas le droit d'aller. Il s'est noyé accidentellement en 1942, laissant derrière lui trois adolescents qu'elle a élevés. Elle a toujours parlé de lui au présent, ayant pourtant perdu sa famille pour lui et leur situation. C'est le jour de l'enterrement de ma grand'mère que j'ai compris qu'elle n'avait jamais été mariée !

Ma première année à l'école a été terrible, je n'étais jamais allée nulle part ni n'avais rencontré d'autres enfants ; J'étais tellement effrayée que je tremblais tout le temps et je ne supportais pas que l'on m'approche. A la récréation, les autres se moquaient de moi et de ma peur. En classe c'était plutôt mieux car je savais déjà lire, écrire et compter, mais cela ne plaisait ni à la maîtresse, ni aux élèves. Et puis, j'étais habillée par le Secours catholique où Mémère était bénévole. Mes vêtements étaient toujours laids, trop grands, surtout les chaussures.

Ma grand'mère m'avait toujours dit que mon père était mort……ma mère en voyage ……Mais un jour, une gamine a hurlé en classe que mon père n'était pas mort et ma mère, une « fille mère ». Je ne savais même pas ce que c'était, mais de nouveau j'étais la cible de la classe et la maîtresse par son silence, accentuait ma détresse. De retour à la maison, mes questions restèrent sans réponse.

Nous habitions en face d'un vieux moulin qui ne fonctionnait plus, tout près d'un ruisseau à peine visible en été, mais qui débordait presque chaque hiver, nous avions donc de l'eau dans la cave, moi, cela me plaisait bien, car on venait nous chercher en barque pour aller à l'école, mais je n'aimais pas l'odeur nauséabonde que l'on avait toute l'année.

Avec le temps, j'aimais aller à l'école, les filles m'avaient acceptée, j'étais bonne élève. J'allais au catéchisme, Céline s'occupait de l'église, nous allions le dimanche à la messe ensemble et le curé revenait déjeuner avec nous.

Je ne pouvais voir aucun enfant après l'école, j'étais toujours seule à la maison ou avec la grand'mère. Je n'ai jamais eu aucun jouet, je ne sais toujours pas jouer...

De temps en temps la « grosse moto » arrivait, c'était mon oncle Robert, il était beau et gentil. Il était marinier, vivait donc sur sa péniche avec son chien. Il transportait des marchandises sur les canaux. J'étais heureuse quand il venait, mais après un verre ou deux, il se mettait à lancer son couteau dans le placard de Céline, çà me faisait peur ; lui, il riait.

J'avais sept ans quand ma mère réapparut. Elle était enceinte, l'enfant était d'un homme marié, elle voulait que la grand'mère garde le bébé comme moi. Jour après jour, les disputes éclataient, ma mère ne me voyait pas. Après avoir hurlé, pleuré, Céline a accepté de l'aider. Un garçon est né, ma mère disparaissait puis revenait un jour ou deux.

Un jour, elle est partie avec le garçon qui avait deux-trois ans. On en a plus parlé.

Mémère me faisait faire des courses, chez le boucher où j'avais droit à ma rondelle de saucisson. A la crèmerie, où j'allais avec un pot en métal, la patronne me servait, mais j'aimais tellement la crème que je rectifiais sans arrêt le bord avec mon doigt….heu….mm…Un jour, j'en ai trop mangé….la grand'mère s'en est aperçu.

Elle est retournée avec moi à la crèmerie, traitant la dame de voleuse, celle-ci a rajouté la crème en s'excusant. La fois suivante, cette gentille dame m'a dit : j'en ai mis un peu plus mais n'exagère pas…..je ne veux pas avoir à faire avec ta grand'mère.

J'étais toujours bonne élève, j'aidais ma copine Denise pour ses devoirs. Ses parents tenaient un petit hôtel restaurant. J'y étais invitée de temps en temps pour boire un chocolat chaud, vous n'avez pas idée comme il était bon, aujourd'hui encore quand j'en bois un, je pense à Denise.

Denise, plus éveillée que moi m'a montré un petit bout de la vie….elle m'a prêté ses patins à roulettes, même son vélo, tout ça en cachette. La

Maman de Denise était Russe, ne parlait pas beaucoup notre langue, je ne la comprenais pas toujours mais elle était si gentille, si douce. Je l'ai gardé dans mon cœur.

J'avais environ onze ans, quand elle (ma mère) est revenue…..avec un gros ventre. De nouveau elle demandait de l'aide à la grand'mère.

Les disputes, les cris, l'horreur. J'étais grande mais ne comprenais pas tout, en tout cas elle nous a laissé un petit garçon qui a été « mon premier Bébé. » Il était beau ! J'en étais très fière quand j'allais le promener !

Je l'ai aimé, soigné, choyé, enfin je n'étais plus seule ! Je pouvais m'en occuper même plus que Céline.

Elle (ma mère) est revenue le chercher, il avait trois ans. Je l'ai encore plus détestée !! Elle avait trouvé un homme avec qui elle allait vivre.

J'ai fait ma communion, Robert est venu avec une magnifique montre que j'ai toujours. L'église était le seul endroit où je me sentais bien : le calme, l'odeur de l'encens, l'harmonium, les chants remplissaient ma vie.

A la maison, la vie était dure, les fins de mois étaient infernales, Mémère était souvent folle de rage et de misère elle me punissait et me battait pour un rien. Nous lavions les salopettes des mariniers pour avoir un peu plus d'argent. Nous partions avec les bassines, les brosses et le savon au lavoir qui se trouvait à environ un kilomètre de chez nous. Les genoux dans l'eau froide, nous brossions et brossions encore le cambouis qui recouvrait ces habits. Au retour, c'était encore pire, tant c'était lourd, et l'hiver, le froid nous glaçait tout le corps.

Quand la pension arrivait, on se régalait avec un steak frites et après c'était des patates et des patates.

On allait chercher l'eau à la fontaine qui était dans la rue, Céline sciait le bois pour l'hiver. On avait une vieille TSF qu'on écoutait, plutôt elle.

Céline s'intéressait à la politique, lisait le journal, elle l'a lu très longtemps. Elle possédait quelques livres et des poèmes, je les feuilletais en cachette, il ne fallait pas y toucher ! Elle était très stricte en ce qui concerne mon vocabulaire, ne supportait aucune erreur de français. Et pas question de parler en patois ! Ayant des origines belges, elle vouvoyait beaucoup, même moi et surtout quand elle était fâchée !

L'année de mes douze ans, j'ai gagné le 1er prix de récitations à Nancy : une bicyclette !! Quelle joie, quel bonheur, un vélo à MOI !

Quelques jours après, il avait disparu, Mémère l'avait VENDU. Comment comprendre son geste….je crois que je ne lui ai pas pardonné.

Je grandissais, je souffrais moins. Je n'étais presque plus enfermée à la cave avec les rats.. Le martinet était toujours dans le vinaigre mais elle ne l'utilisait presque plus.

A quatorze ans, j'ai commencé à travailler pendant les grandes vacances à la saline. Je commençais à 5 heures du matin, il n'y avait pratiquement que des hommes, sauf deux femmes affreuses avec des dents manquantes. Elles m'effrayaient mais elles m'ont sauvé car il fallait : « fumer, boire ou coucher… « Elles m'ont donc conseillé de me mettre à la cigarette. Je roulais mes cigarettes papier maïs, les hommes se marraient de m'entendre tousser….ils n'ont jamais eu un geste déplacé.

Céline avait décidé que je devais arrêter l'école, le Curé est intervenu, a obtenu une bourse pour moi, la vie normale a repris pendant un an.

Robert, lui, faisait son service militaire puis a déserté. Il avait toujours vécu sur une péniche, il ne supportait pas d'être enfermé dans une caserne.

Il était recherché par la police, se cachait quelquefois au grenier, s'enfuyait par le toit, moi j'avais très peur pour lui. Il a fait de la prison militaire où il a attrapé la tuberculose. Mémère allait le voir à l'hôpital. Puis un jour, il s'est enfuit de l'hôpital pour aller mourir sur sa péniche.

Mémère en a beaucoup souffert, elle est devenue encore plus dure avec moi, son cœur s'était à nouveau brisé.

Elle parlait encore moins, disait que je ne lui apportais que des déboires, des soucis, je crois qu'elle m'en voulait d'être vivante.

Denise était partie en pension, elle me manquait beaucoup ainsi que nos rigolades et puis quand elle revenait, c'était souvent avec des copines d'internat…..alors on se voyait mais plus comme avant. J'allais voir sa maman de temps en temps, elle me donnait toujours une friandise que je délectais sur le chemin du retour.

A mes quinze ans, Mémère a décidé que j'irais travailler. Le Curé a tout essayé pour l'en empêcher…..en vain. C'était comme si elle voulait me punir, disait que les études ne me serviraient à rien, que je devais vivre dans le monde ouvrier.

J'ai commencé à travailler dans un atelier à la chaîne. Nous montions des imperméables en caoutchouc très lourds, c'était plus dur que la saline.

Quand je rentrais, épuisée, Céline m'attendait avec des gros travaux en ricanant. L'argent que je gagnais équivalait à ma bourse. Je n'avais pas d'argent, pas même pour aller au cinéma.

Le dimanche, je devais aller à la messe avec la grand'mère, et le Curé venait souvent manger avec nous. Il s'intéressait à ce que je faisais, et disait qu'il priait pour moi.

Et puis un jour, une voisine nous a invitées au mariage de sa fille, Mémère a immédiatement refusé, mais la voisine insistait et finalement il a été conclu que j'irais seule. Mémère n'avait pas de vêtements pour une telle occasion, moi non plus, mais Pierrette, la mariée, me prêterait une robe !

Les quinze jours qui suivirent furent comme un rêve, j'étais sur un petit nuage rose, je n'arrivais pas à dormir tant j'étais excitée et en même temps, je craignais qu'au dernier moment la grand'mère dise non.

La veille du mariage, Mémère m'a lavé les cheveux comme elle le faisait chaque semaine, dans une bassine, à la cuisine, nous n'avions pas de salle de bain. C'était une opération compliquée car j'avais les cheveux très longs (jusqu'aux fesses), on ne les coupait jamais.

Je mis la robe rose pâle à volants et des chaussures blanches, prêtées. Je ne pus voir le résultat car nous n'avions qu'un petit miroir à la cuisine, mais Mémère a dit : je ne t'aime pas comme çà ! Moi, si j'avais pu, j'aurais fait des sauts de cabri !

TIBOR

Je suis partie dans le cortège…. Un monde inconnu, les gens riaient, étaient heureux. Nous sommes allés à la mairie, puis à l'église à pied. Je n'avais pas assez de mes yeux et oreilles….c'était ma première sortie !

Ensuite, le cortège s'est dirigé pour déjeuner au Café de l'Espérance. Quel repas !…..et une pièce montée ! Comme elle était belle et délicieuse !

Après le repas, un accordéoniste s'est mis à jouer et les gens ont commencé à danser. Je regardais tourner les couples, quand un inconnu m'a invité à danser, je ne savais que faire, Mme Marchal a dit : vas-y ! J'avais les jambes qui tremblaient, comme si j'avais peur.

Il s'est présenté et m'a dit qu'il ne parlait pas beaucoup le français, mais l'anglais et l'allemand. C'était formidable car je ne savais que quelques mots d'anglais appris à l'école. Je fus emportée par ces danses comme un papillon, je volais…..après chaque danse il me raccompagnait et m'aidait à me rasseoir avec la chaise, les autres rigolaient. Nous avons dansé jusqu'à ce que Mme Marchal donne le signal du départ. Le bel inconnu est venu vers moi et m'a demandé si l'on pouvait se revoir.

Je ne pouvais rien dire…..la grand'mère…..que faire… et avant de se quitter il m'a dit qu'on dansait tous les dimanches après-midis au café et qu'il y était pensionnaire.

De retour à la maison, Mémère n'a rien demandé, je n'ai donc raconté ni les danses, ni cet inconnu. Elle a dû questionner la voisine qui n'a rien dit. Madame Marchal avait toujours été gentille avec moi, elle savait.

Quand j'étais petite, j'utilisais une vieille balançoire qui était restée là, près de ces fenêtres. Dessus, j'étais si bien que je chantais…Mme Marchal me donnait la pièce si je lui chantais Dalida …..C'était notre secret.

Par contre, dans ma tête, ça tournait toujours et pour la première fois je réalisais la misère dans laquelle je vivais.

Quelques semaines passèrent, je n'étais évidemment pas allée au café, et en sortant de l'atelier, sur le chemin du retour, mon bel inconnu s'avance vers moi. Mes jambes flageolent, je me sens devenir écarlate, il me sourit, me demande si je vais bien et si l'on peut prendre un rafraichissant ensemble. Je m'entends dire oui…. mais pas longtemps.

Nous buvons un diabolo-menthe, je ne comprends pas bien ce qu'il dit, il parle peu le français, roule très fort les r, mélangé à de l'anglais et des mots d'allemand, mais nous rions, nous sommes bien. Je lui promets de venir le prochain dimanche et rentre vite à la maison.

Pour le dimanche, je dis à la grand'mère que je vais au ciné avec une collègue. Le dimanche arrive enfin, je suis contente et j'ai peur….tout se mélange en moi.

Lorsque j'arrive au café, je le vois assis près de la fenêtre, il vient vers moi et me fait un baise- main (je me demandais ce que c'était). Nous avons parlé une sorte de charabia, mais on se comprend avec les yeux.

Il me raconte qu'il est Hongrois, qu'il a quitté son pays (1956) à cause de la révolution, qu'il s'appelle Tibor.

Avant d'arriver en France, il avait été dans un camp de réfugiés en Yougoslavie. C'était en Allemagne qu'il aurait souhaité aller, mais il n'y était pas parvenu.

Nous avons dansé, c'était un tourbillon enchanteur de sensations nouvelles.

Nous nous sommes revus assez régulièrement le dimanche après-midi.

Pour Mémère j'étais au ciné avec ma collègue.

Avec Tibor nous devenions plus proches. Notre amour grandissait à chaque rencontre. Combien c'était doux d'être aimée. Je ne pensais plus qu'à lui…la semaine était interminable et le dimanche, je courais vers cet étranger qui m'entourait d'amour, de douceur, de gentillesse, il ne parlait pas bien le français mais avait de bonnes manières et beaucoup de finesse qui m'étaient complètement inconnues.

La grand'mère me posait des questions sur ma collègue, j'étais terrifiée à l'idée qu'elle s'aperçoive de quelque chose.

Quelques mois s'étaient écoulés et un dimanche en rentrant, la catastrophe était là …. « Céline était allée m'attendre au cinéma » Je fus battue avec le manche à balai et enfermée à la cave avec les rats comme quand j'étais petite. Le lendemain, j'étais pleine de coups et je craignais que l'on s'en aperçoive à l'atelier.

Je suis passée au chantier où travaillait Tibor pour lui dire que l'on ne pouvait plus se voir, je n'avais que seize ans, il pouvait avoir des ennuis. Il m'a dit, si tu veux que l'on continue à se voir, j'irai voir ta grand'mère.

Et le lendemain, il arriva à la maison avec un bouquet de fleurs, lui a fait un baise main, lui a raconté son histoire, qu'il était ingénieur dans son pays, qu'il était sérieux et qu'il demandait ma main. Elle ne lui a pas donné de réponse, époustouflée par cette visite.

Après le départ de Tibor, elle a juré les grands dieux que l'on ne se reverrait pas, que je ne fréquenterais pas un communiste…et que les belles manières étaient louches et qu'elle s'en méfiait comme de la peste !

Nous nous sommes quand même revus et un jour nous avons été convoqués au juge des enfants, j'ai dû passer une visite médicale ; rien n'a été retenu contre Tibor, j'étais vierge !

Cette démarche épouvantable a été faite par ma mère, je l'ai appris beaucoup plus tard.

Puis tout est allé très vite, on se voyait toujours en cachette, nous avions peur mais c'était plus fort que nous et un jour nous avons fait l'amour, quelques semaines après, j'étais enceinte. Tibor est revenu voir la grand'mère, me demandant en mariage et lui annonçant que j'attendais un bébé. Elle a accepté disant qu'elle ne voulait pas de nouveau bâtard !

Mais il fallait l'autorisation de ma mère, j'étais mineure. Chaque jour qui passait était l'enfer, un jour elle acceptait et le lendemain elle changeait d'avis. La veille du mariage, nous ne savions toujours pas s'il aurait lieu.

Je suis allée voir le curé pour notre mariage, il m'a dit qu'il ne pouvait pas me marier : adresse-toi à quelqu'un d'autre, moi, je ne peux pas. Je suis triste, déçue, les papiers de Tibor ne sont peut être pas suffisants…..mais il me connait l'abbé et il doit savoir que c'est important pour moi….et puis aller où, c'est en lui que j'avais confiance …alors pourquoi ne m'aide-t-il pas ?

Et puis au diable cette église….je lui ai toujours été fidèle….elle pas….

C'est le jour de mon mariage que j'ai porté pour la première fois des vêtements neufs achetés par Tibor.

Nous sommes allés à la Mairie avec Céline et les deux témoins. Nous avons attendu et attendu ….. Enfin « ma mère » est arrivée : Ivre, en tablier et pantoufles, elle a signé en titubant sans nous regarder.

Lors de la cérémonie le 26 décembre 1961, le Maire m'a demandé si je voulais prendre la nationalité de Tibor et je ne sais par quel heureux hasard, j'ai dit non, je veux être Française !

Le 31 décembre, Tibor n'avait plus de cigarettes, il est parti en chercher ….. Il n'est pas rentré de la nuit. Avec Mémère, nous sommes allées à la police, à l'hôpital…rien. Il est rentré vers dix heures du matin, ivre mort…..il avait oublié que nous étions mariés !

Nous avons vécu avec Mémère, je ne peux décrire ce que je ressentais, j'étais amoureuse, fière d'être bientôt maman, mais surtout « dépassée ».

Nous couchions dans un débarras sans fenêtre, pas assez d'argent, pas d'intimité et puis Tibor découchait quelquefois et revenait ivre…Céline jubilait : tu as voulu un homme, maintenant tu en as un, tu vas bien rigoler !

Les tensions et les intrigues de la grand'mère arrivèrent de plus en plus. Tibor cuisinait des plats de chez lui, servait Céline, toute surprise, je crois qu'elle aimait bien ; mais après, elle le trouvait trop ceci, pas assez cela….

J'étais tiraillée entre Tibor et Céline, pas assez forte pour prendre position, inquiète par la naissance du bébé, mais heureuse d'avoir bientôt une famille à moi. Les soirs, je tricotais en apprenant à Tibor le français ; il faisait des progrès mais roulait toujours les R, il les a toujours roulés.

Il espérait la venue de sa mère pour la naissance du bébé. Sa mère était sage-femme et puis Tibor était fils unique.

La situation politique s'était améliorée en Hongrie, il y avait eu une amnistie pour les dissidents, il y avait donc une possibilité pour l'obtention d'un passeport et visa de quinze jours.

Je devenais de plus en plus grosse, Tibor, lui rentrait de plus en plus tard de ses chantiers. Moi, j'étais contente pour lui, je trouvais que c'était bien qu'il se fasse des amis, qu'il parle le français, Mémère, de son côté râlait disant : tu n'as qu'à sentir son haleine quand il rentre !

TIBI (KE)

C'est le 13 août 1962 que mon bébé est né : « G, Tibor », je suis allée seule, à pied, à la maternité. Tibor est venu me voir, comme nous étions heureux de notre fils !

Et puis la grand'mère est venue le lendemain, pour me dire que mon mari était tombé d'un échafaudage (il était monteur en charpente métallique), et s'était cassé une jambe. Avait-il trop bu ?

Je suis sortie de la maternité cinq jours après, seule, avec mon petit garçon. En arrivant, je l'ai couché dans le berceau jaune que j'avais cousu à la main. Comme il était beau, comme j'étais fière ! J'avais bien grandi en quelques jours.

Tibor m'a expliqué que pour un Hongrois, avoir un fils était extraordinaire et qu'il fallait fêter cela, je lui en voulais, mais j'ai pardonné.

Sa mère avait obtenu son passeport, elle allait arriver…..on ne savait pas où la coucher. Je dormirais avec Céline, Tibor et son plâtre par terre et la belle-mère dans notre lit. Nous étions tous énervés, pas d'argent…..même la grand'mère angoissait.

Veronkanéni est arrivée ! Ma Belle-Mère !

Ses cheveux très courts étaient immaculés, ses yeux bleus, froids. Elle se tenait très droite, portait de drôles de bottines noires à lacets et nous arrivait avec une valise en carton.

Elle était d'une autre planète ! Tibor lui faisait le baise main et la vouvoyait. Elle se lavait tout le temps les mains. Elle ne comprenait rien, nous non plus. Elle était émerveillée par son petit-fils mais pas contente de son prénom, là-bas on donnait le prénom du père, heureusement, on l'avait mis en deuxième prénom. Elle l'a tout de suite appelé Tibike car le diminutif de Tibor est Tibi, et Tibike pour les tout petits.

Ce petit nom me plaisait, même Céline le trouvait mignon, et c'est ainsi que mon fils s'est appelé Tibike, puis Tibi pendant des années.

Elle nous avait apporté des cadeaux : une bague à Tibor ; pour moi et le petit, une chaîne avec une médaille. Ces présents étaient cachés dans l'ourlet de sa jupe. Elle avait aussi apporté du salami, du paprika, du vin, de l'eau de vie, tout ça par le train. Elle n'avait pas un franc français, la monnaie hongroise n'était pas convertible.

Nous avions donc une bouche de plus à nourrir, la grand'mère était exaspérée ; ces deux là ne se sont pas vraiment aimées!

Elle a cuisiné des plats de là-bas, ils étaient heureux ! Ils parlaient beaucoup, ils en avaient des choses à se dire depuis 6 ans qu'ils étaient séparés et le courrier censuré! Ils ont ri, chanté, pleuré, et les quinze jours terminés, elle est repartie.

Quelques semaines après, le chantier sur lequel travaillait Tibor était terminé, il devait partir ailleurs.

Mémère me disait de rester avec elle, elle trouvait que Tibor avait changé depuis le départ de sa mère. Avec moi et le bébé, il était toujours gentil, attentionné mais plus triste et oubliait souvent de rentrer. Le nouveau chantier se ferait près de Pontarlier (Doubs).

Nous sommes partis par le train, pour moi c'était la première fois, avec trois valises. Céline était furieuse!

Nous avons vécu dans un meublé d'environ 20 m2 pas loin du chantier. Un petit nid rien qu'à nous (cuisine, chambre, salle d'eau), le Bonheur quoi! On s'est vite aperçus que l'on n'y arriverait pas avec un salaire. J'ai trouvé trois enfants à garder chez moi avec le mien (j'avais dix-sept ans et demi). C'était dur mais je m'en sortais. Je riais beaucoup avec mes petits. Les beaux jours, je les installais tous dans la cour, ils étaient bien, moi aussi. Les voisines m'avaient bien acceptée, on se rendait des services l'une l'autre.

Le dimanche, nous allions tous les trois au bord de la rivière, avec un bon pique-nique, ces moments étaient heureux. Notre petit était drôle, très gai. J'étais fière de ma petite famille.

La Lorraine et ma grand'mère étaient loin, ne me manquaient pas. Je commençais lentement à être une femme, une mère. Tibor avait des copains, ses sorties étaient fréquentes.

Son pays lui manquait, sa langue, sa famille. Il me racontait la vie avant, dans son pays, les coutumes. Son père était décédé, sa mère l'avait élevé seule. Il avait fait des études jusqu'à vingt-quatre ans, il avait des amis là-bas. A l'époque, aucun contact n'existait avec les ex-pays de l'Est, le téléphone ne fonctionnait pas. Avec le temps, j'étais bercée par cette Hongrie lointaine.

Un jour en rentrant, Tibor m'annonce que le chantier ne serait pas reconduit. Il a cherché du travail….en vain. C'était difficile, il était réfugié politique, le problème de la langue existait toujours……….

Puis, il vint à me parler de partir chez lui où il avait un bon métier, il trouverait facilement du travail, nous ne serions plus seuls, il avait de la famille, sa mère nous aiderait à nous installer, nous pourrions élever notre fils comme il l'avait été.

Tout tournait dans ma tête, l'angoisse, la peur de le perdre, et puis comment s'en sortir ! Que faire ? Je n'avais personne à qui demander conseil !

Je l'aimais, ce qui m'importait était que l'on soit tous les trois.

J'ai donc accepté de partir !

Pour les démarches, ce fut périlleux, les gens autour de nous me traitaient de folle.

Pour l'obtention de mon passeport, l'agent de mairie m'a dit que je risquais gros :

Derrière le rideau de fer : « les soviétiques tuaient les occidentaux ».

J'avais de plus en plus peur, mais nous n'avions bientôt plus de quoi payer notre loyer. C'était un vrai dilemme…. puis j'obtins mon passeport et visa et Tibor un laissez-passer pour rentrer chez lui.

LE DEPART

Les bagages furent vite fait – 3 valises, notre départ serait le 13 décembre 1963.

A Bâle (première frontière) nous avons tellement été fouillés que l'on a raté le seul train de la journée. Nous avons donc passé 24 heures dans la salle d'attente de la gare avec un bébé de seize mois ; pour seule nourriture, la boîte de chocolat que nous voulions offrir à la belle-mère. J'avais heureusement de quoi nourrir le petit !

Après cette interminable attente, nous avons repris le train, le voyage allait durer 24 heures. Nous dormions beaucoup, notre petit bonhomme blotti contre moi ou moi contre lui.

Nous avons traversé la Suisse, une grande partie de l'Allemagne, les gares devenaient différentes, le paysage enneigé était magnifique, il y avait de plus en plus de neige…..comme dans les films !

En gare de Vienne (Autriche), des passagers montèrent chargés de paniers, de poules vivantes et puis l'eau de vie a circulé, c'était des Hongrois qui comme Tibor rentraient au pays, la peur au ventre.

C'est là que j'ai compris le risque de ce retour. L'amnistie était-elle pour tout le monde ? Qu'allait-il se passer ? Qu'allions-nous devenir ?

L'angoisse grandissait avec les kilomètres et l'eau de vie faisait son effet et puis nous n'avions rien mangé depuis deux jours, heureusement le petit allait bien et sa nourriture était suffisante.

Certains des passagers chantaient, d'autres pleuraient, je ne saisissais pas vraiment ce qui ce passait et puis voilà :

« LE RIDEAU DE FER »

La Frontière austro-hongroise !

Le train s'arrête, la neige est très abondante...

Deux hommes en uniforme, armés de mitraillette montent à chaque extrémité de chaque wagon.

Le train se remet en marche et les fouilles commencent…D'abord, les passeports, puis le laissez-passer de Tibor qui lui est retiré : les bagages, mon sac, le petit, nous, jusqu'au moindre détail vérifié dans les toilettes. Tout se fait dans un silence indescriptible, même notre petit ne bouge pas ! Cela dure tout le trajet jusqu'à Budapest, soit environ 3 heures.

Tibor me souffle à l'oreille à plusieurs reprises de ne pas parler (en français) pour ne pas les énerver !

Enfin, nous arrivons à Budapest : il neige, il fait très froid, moins trente cinq…… toute la famille est là, au moins quinze personnes. C'est les embrassades, la joie, les éclats de rire quand arrivent deux policiers en civil qui emmènent Tibor, c'est le silence dans la famille. *Véronkanéni* me prend vite par la main avec le petit et l'on se dirige vers un taxi.

Nous allons chez la tante *Mariskanéni* (la sœur de ma belle-mère), les autres viendront après, en car.

Mariskanéni nous accueille : elle me serre dans ses bras, elle est belle et quelle gentillesse…..la table est dressée, même dans mes rêves, elle n'avait pas sa pareille !

Veronkanéni parle beaucoup à Mariskanéni et elles se mettent à pleurer, les autres arrivent lentement : les hommes, silencieux ; Les femmes pleurent…..on m'oublie…..je ne comprends rien, je grelotte, mon petit bonhomme, près de moi est toujours calme, il se gave de toute sorte de gâteaux.

Le beau repas est pris sans entrain, en silence. La soirée….la nuit, nous restons tous ensemble, ma belle-mère m'enveloppe dans une couverture avec le petit et nous nous endormons dans un fauteuil.

Je suis réveillée par des cris ou plutôt le même cri de tous « *Istenem* «, premier mot hongrois que j'ai appris « Mon Dieu « mot absolument interdit par le communisme.

C'était le petit matin, on l'avait relâché ! Il avait subi un interrogatoire toute la nuit, il devait se présenter à chaque convocation.

Pas la peine de vous dire qu'on a fait la fête, véritable festin : viandes, légumes inconnus, gâteaux de toutes sortes, vin, eau de vie, mousseux……………

Ils parlaient tous en même temps puis chantaient, Véronkanéni commençait toujours les chansons, son répertoire était immense !

Je les observais : ils étaient tous assez grands, bruns, les yeux plutôt clairs, chaleureux, bien élevés. Les femmes portaient toutes des bottines à lacets, les plus âgées étaient habillées en noir avec un petit châle sur la tête. Elles étaient souriantes et gaies.

Chez Mariskanéni, c'était petit (une pièce), très propre, bien rangé, avec des objets que je ne connaissais pas. Un grand poêle en céramique verte qui allait jusqu'au plafond où l'on pouvait se mettre le dos au chaud, il y avait également de vrais tapis, de la porcelaine.

Tibike avait reçu son premier pot qu'il tenait absolument à mettre sur la tête, cela amusait tout le monde…

La nuit tombait quand ils sont partis, me témoignant tous beaucoup de gentillesse. Nous sommes restés pour dormir et le lendemain nous sommes repartis avec Véronkanéni pour la campagne hongroise où elle habitait.

Le voyage vers chez mes beaux-parents dura une journée entière, ce n'était pourtant que 150 km. Que de neige, de froid, les hommes pelletaient la neige devant la locomotive.

La maison des mes beaux-parents était grande à mes yeux, avec un beau jardin. Il y avait deux chambres, cuisine, salle à manger, les toilettes étaient dehors, je vous prie de croire qu'à –35° c'était quelque chose.

Le hongrois est une langue peu commune (finno-ougrienne), qui ne ressemble à aucune autre. Au début, elle paraît rébarbative, elle est en tout cas très imagée.

Le peuple hongrois provient d'une peuplade qui vécut longtemps dans la région de l'Oural. Le terme Magyar (Hongrois) apparaît pour la première fois au IX siècle. C'est également depuis ce siècle que la Hongrie (Magyarorszàg) existe.

Pas un seul prénom ne possède son diminutif, suffixe, petit nom, cela donne une atmosphère douce, un cocon en quelque sorte... lorsqu'on appelle quelqu'un par son vrai prénom, c'est qu'on ne le connaît pas, ou dans un contexte officiel ou encore par fâcherie....

Les enfants et les jeunes appellent les femmes à partir de la trentaine « tante » : leur prénom ou diminutif suivi de « *néni* » pour les hommes c'est « *bàcsi* » (oncle). C'est gentil, pratique pour les petits et les *néni-bàcsi* aiment bien.

A l'époque je ne vous dis pas combien c'était drôle car officiellement les gens devaient s'appeler « Camarade » - le nom ou la profession suivi de « *Elftàrs* ».

Dans le petit village où nous étions, il n'y avait aucun magasin. Tout ou presque se faisait à la maison.

Les routes étaient en terre battue, il n'y avait pratiquement pas de voitures, seulement des charrettes tirées par des chevaux ou des bœufs. Le cochon était tué une fois l'an et l'on en mangeait pendant des mois – salé, fumé, saucisses et saucissons.

Il n'y avait pas de frigo, et les étés étaient brûlants. Et puis, il y avait des volailles. Chaque famille élevait des poules, canards et des porcs…. La viande de bœuf partait à l'exportation, on ne savait pas comment c'était, les Hongrois n'en avaient jamais mangé ! Les gens ne jetaient rien, les restes d'un repas étaient recuisinés d'une autre façon, ce nouveau plat était quelquefois meilleur que le premier !

Pour la fabrication des pâtes, les femmes se réunissaient et en faisaient de toutes sortes toute la journée. Une entraide formidable existait, toujours avec bonne humeur.

Après les fêtes de fin d'année, Tibor était reparti à Budapest pour chercher du travail, il n'y en avait pas à la campagne. Je suis restée quelques mois avec mon petit chez mes beaux-parents. Tibor venait tous les quinze jours.

Un matin, vers quatre heures, des femmes qui faisaient le marché débarquèrent chez mes beaux-parents, voir comment était une Française, la déception était grande : j'étais comme elles ! Elles n'en revenaient pas !

Là-bas, les hivers étaient très longs, il neigeait abondamment en novembre, les routes étaient nettoyées tant bien que mal, il y avait donc des quantités de neige partout jusqu'à la fin de l'hiver, soit mars. J'ai connu jusqu'à – 37°.

La famille, tout comme les voisins étaient tous gentils avec moi, mais ne rien comprendre, ne pas parler…….n'était pas toujours facile. Mon seul loisir était une petite promenade avec le petit, mais vu la température, nous n'allions pas bien loin. La majeure partie du temps, j'aidais à la maison.

Et puis la nourriture, les habitudes si différentes ! Le dimanche matin au réveil, on allait à la cuisine, c'était uniquement là qu'il faisait chaud…les odeurs…ils avaient tué un poulet…les plumes trainaient encore dans une bassine et ce sang que ma belle-mère rôtissait avec des oignons et des œufs…c'était le super petit-déjeuner….moi, je n'osais même pas les regarder manger !

La cuisine hongroise est très épicée……le paprika est dans tous les plats…… avec cette cuisine, ça pique deux fois, à l'arrivée….et au départ…j'ai même vu l'abbé du village, sa soutane sur la tête rafraichir son postérieur dans une auge !

Ma belle-mère étant sage-femme, on venait la chercher pour les accouchements, l'hiver en traineau, elle se roulait dans une peau de fourrure et partait… on ne savait jamais pour combien de temps.

Etant donné les déplacements de ma belle-mère, j'étais souvent avec mon petit et mon beau-père oncle *Zsiga*(Zsigabàcsi). Il était retraité, calme, doux, comme un roc tranquille. Prévenant avec moi, il essayait de m'expliquer tout ce que j'ignorais…..le pauvre avait fort à faire….

Il s'était construit un cabanon dans les vignes. C'était son refuge, il y faisait son vin et son eau de vie. Un vrai havre de paix… Nous y allions avec un casse-croûte, en l'absence de Veronkanéni - je crois qu'elle n'aimait pas – moi, cela me plaisait beaucoup et le petit adorait y aller !

Un dimanche, alors que je raccompagnais Tibor à la gare, je pleurais dans le hall, mon bébé dans mes bras………je crois rêver….j'entends parler FRANCAIS !!!!   Incroyable !!!

Je me précipite vers ces inconnus….sont-ils tombés du ciel ?

C'était un couple mixte franco-hongrois qui habitait Budapest. Ils me conseillent : tentez votre chance, allez chercher du travail à Budapest dans les représentations françaises.

Leur train arrive, ils partent…….je n'ai jamais su qui ils étaient !

De retour chez les beaux-parents, grâce à un dictionnaire, je leur raconte ma rencontre et mon désir de partir à Budapest pour trouver du travail, Véronkanéni trouve cela insensé…….elle n'a pas voulu que je prenne le bébé, je n'ai pas compris pourquoi……. à l'époque.

Je partis donc pour Budapest, seule, chercher du travail en milieu français. L'Alliance Française, puis l'Institut Français furent une déception, à tous les niveaux…….ils m'ont regardé avec un tel dédain !

J'étais sur le point d'abandonner mes démarches, mais une petite voix intérieure me guida jusqu'à l'Ambassade !

Et me voici devant l'Ambassade de France, notre drapeau est hissé. Très impressionnant. Le froid est glacial, je me sens comme paralysée !

Deux gardes en uniforme sont sur le trottoir, ils sont Hongrois, puis un gendarme français vient me chercher. Quel jardin ! Quel bâtiment !

Un huissier en uniforme me reçoit, m'installe dans une salle d'attente en me disant : Le Consul va vous recevoir ! Cette pièce est indescriptible : fauteuils, tableaux, tapis, lampes, d'un luxe incroyable.

Un homme jeune, trente ans environ, vient me chercher- je croyais que c'était le secrétaire - étant persuadée que les Consuls étaient âgés.

Nous nous installons dans un somptueux bureau. Il écoute attentivement mon histoire. Puis il me demande : savez-vous taper à la machine ? (ce n'était pas le cas) mais je m'entends répondre oui…..je commençai à travailler une semaine plus tard !

Pendant cette semaine, j'ai tapé nuit et jour sur une machine à écrire louée pour m'apercevoir ensuite que le clavier n'était pas le même que le nôtre….l'horreur !

Nous avons vécu pendant environ six mois chez *Mariskanéni*, dans la même chambre (20 m2) avec cuisine et salle de bain commune avec une autre famille.

Le petit est resté chez les beaux-parents, pas de garderie ou de crèche…..La séparation avec mon petit garçon m'était terrible, j'espérais trouver une solution rapidement. Nous allions le voir tous les quinze jours ….il parlait de plus en plus en hongrois…..et non plus en français, n'était plus aussi câlin avec moi…..cela me faisait si mal !

L'AMBASSADE

Je partais tous les matins, la peur au ventre, le milieu de l'Ambassade me dépassait, je ne possédais qu'une seule robe noire mettable. Je changeais le feston de l'encolure et des poignets tous les deux jours, je croyais que cela se verrait moins. Des années plus tard, Odile, une gentille collègue m'a dit que j'avais été surprenante avec mes coutures.

J'ai commencé à travailler à l'Ambassade au service des visas. Les Hongrois obtenaient difficilement un passeport de touriste tous les deux ans. Ceux qui pouvaient, désireux de connaître la liberté, allaient visiter la France. Ils étaient autorisés à y séjourner pendant quinze jours. Ils partaient principalement en voiture (Trabant) et voulaient tout voir ; ils avaient quelques dollars en poche, et prenaient donc avec eux toute la nourriture nécessaire pour leurs vacances.

Mon travail consistait à recevoir un public hongrois demandeur de visa touristique en France ou de transit vers un autre pays. Les questions que je leur posais étaient toujours les mêmes : où allez-vous ? Combien de temps séjournez-vous en France ? Je leur faisais signer le dossier, puis leur disais de revenir quatre semaines plus tard. Je m'étais donc fabriqué un carton que je cachais sous le comptoir que j'occupais avec lesdites questions. L'apprentissage du hongrois se faisait ainsi jour après jour.

Ce travail n'existait que de mars à septembre les autres mois je tenais les registres de l'état civil. A l'époque on les écrivait à la main, c'était un travail minutieux que j'aimais beaucoup et j'étais chargée du secrétariat du Consul. Au niveau travail, je m'en tirais plutôt bien.

J'ai continué à vivre dans ce monde si éloigné du mien avec la peur constante de faire ou de dire une bêtise, mélangée à la naïveté de mes dix-neuf ans.

A l'époque, Il n'y avait pratiquement pas de location privée d'appartement. Les grands appartements étaient étatisés, et découpés. Le nombre de mètres carrés habitables par famille était établi par l'état. Le loyer lui revenait.

Après six mois passés avec Mariskanéni, nous avons eu droit à cette sorte de « sous-location ».

Nous pouvions enfin reprendre le petit, j'avais également trouvé une école maternelle…..quelle joie ! Mais il ne parlait plus que le hongrois, n'aimait pas aller à l'école, n'était plus attaché à moi. Je cois qu'il préférait vivre chez ses grands-parents.

C'était un grand appartement d'environ 150 m2 qui appartenait à une pianiste de renom. Il avait été réquisitionné, et trois familles avaient été mises chez elle. Chaque famille avait une chambre. La cuisine, la salle de bain, les toilettes étaient communes.

A notre arrivée, « la propriétaire » nous a accueillit comme si nous étions des amis ! Eh pourtant, nous venions habiter dans son appartement !

Cette vie commune ne m'a posé aucun problème, au contraire. Le respect, l'entraide m'ont appris énormément.

Certains dimanches, *Margitnéni* (la propriétaire), nous offrait un concert maison, elle jouait divinement bien, dommage qu'elle avait certaines absences et l'été, elle circulait toute nue à la cuisine……le petit se demandait pourquoi elle avait si chaud ! Le moment désagréable était le matin, nous partions tous à la même heure……la salle de bain et les toilettes étaient ….très……demandées !!

Les immeubles à Budapest avaient souvent une cour intérieure et aux étages, c'était des corridors ouverts et balcons intérieurs. Ainsi en été, les gens vivaient dehors, tout le monde se connaissait.

J'avais des voisins avec qui je sympathisais, ils avaient à peu près l'âge de Tibor, soit treize ans de plus que moi. Ils étaient tous les deux ingénieurs, habitaient comme nous en sous-location. Un soir vers 20 heures, je sonne chez eux pour leur emprunter des oignons, pas de réponse, longtemps, puis elle ouvre…..effrayée……et dit : c'est Toi ? Lui s'était caché….elle me dit toute tremblante qu'on ne va jamais sonner chez les gens après 18h30, sinon on croit que c'est la milice….Quelque temps après, son mari a disparu, il n'est revenu que plusieurs années après…..il n'était pas « assez » communiste.

Je n'avais pas compris qu'à l'Ambassade j'étais payée sur une caisse noire et que tout pouvait s'arrêter à la minute même malgré la bonne volonté du jeune Consul qui voulait m'aider.

Un matin, j'arrive à l'Ambassade comme d'habitude la première, j'aimais me retrouver seule dans ce beau décor, je m'imprégnais de ce luxe. En tout cas ce matin là, deux Messieurs se trouvent sur le trottoir. Ils me disent qu'ils ont rendez-vous avec le Consul.

Je les introduis dans un salon et leur prépare un café. Il s'avère ensuite que ce sont des inspecteurs, l'Ambassadeur et le Consul sont très embarrassés ….il n'aurait jamais fallu qu'ils me voient !

Ces Messieurs m'ont donné une chance inouïe, si le Ministère acceptait mon dossier, j'aurais un contrat officiel de trois ans.

Après de nombreuses formalités, je partis à Paris pour présenter mon dossier. Je n'étais jamais allée à Paris. Quelle aventure, quelle ville, que de découvertes, sans un sou en poche…

Imaginez-moi devant le Quai d'Orsay !….

Vous l'avez déjà vu ?… à la télé ?………………………

Alors voilà, j'avais mis ma plus belle tenue, mais enfin …………………

Mes mains, je ne savais quoi en faire…… et puis que dire……comment me présenter……. j'attendais que quelqu'un arrive, comme moi, j'aurais pu le suivre et faire pareil, mais personne n'est venu à mon secours !

Je respire profondément, j'y vais…il y a d'abord les gardes puis un huissier qui prend mes papiers et puis l'attente dans un immense couloir ; j'ai très peur. Je dois donner un acte de naissance avec mention : père inconnu. Que vont-ils dire ?

Le Monsieur prend mon dossier, vérifie tous les documents, ne dit rien…… puis : « Madame, votre dossier va passer en commission », nous n'avons plus qu'une enquête « de bonne vie et mœurs « à effectuer. Vous aurez une réponse dans quelques semaines. Je repars.

Mon dossier a été accepté …..Un véritable miracle, je n'y croyais pas.

Après l'acceptation de mon dossier, mon Chef de Poste, Son Excellence, Monsieur l'Ambassadeur de France, m'a convoquée et après un long entretien, m'a demandé de reprendre mes études. Il était impératif que je parle parfaitement le hongrois. J'ai repris le lycée en hongrois que je ne parlais pas encore bien et français première langue.

Les années suivantes furent très dures, je me levais tous les jours à cinq heures du matin pour cuisiner, faire le ménage, la lessive, les devoirs, puis ma journée de travail à l'Ambassade….puis mes cours jusqu'à 21 heures.

Les familles avec lesquelles j'habitais m'ont été d'une aide indescriptible. J'avais une équipe, fière de moi, qui me portait vers la réussite et m'aidait en tout. Je rentrais le soir après les cours, mon petit garçon avait dîné, il avait pris son bain, était en pyjama et attendait le bisou de sa maman.

Pour mes devoirs, tout le monde s'y mettait et me faisait réciter mes leçons ! Ils s'amusaient tous, disaient que cela leur faisait du bien de réviser, que leurs études étaient loin. Ils avaient tous au moins quinze ans de plus que moi. Quelle chance j'ai eu de les avoir !

Tibor, lui, ne m'aidait pas, sortait beaucoup, buvait ; il lui arrivait de ne pas rentrer pendant plusieurs jours, être dans son pays n'avait rien arrangé. Un petit matin, il est rentré avec un orchestre tzigane, pour se faire pardonner.

Au début au lycée, je ne parlais presque pas le hongrois……..Un jour, le professeur m'a appelé au tableau, n'oublions pas que je portais un nom hongrois, rien ne laissait supposer la suite et quand je me suis mis à bé…….gay…. …er……, surprise générale !

Le Professeur : « Camarade, vous êtes étrangère ? »…….

Et moi, « oui je suis Française » Française !!

L'étonnement était à son comble…personne ne comprenait comment une Française avait pu atterrir dans ce lycée !

Là encore, la chance m'a souri, combien mes copains de classe et mes professeurs m'ont aidé, rectifiant ma prononciation avec gentillesse et tact, et se donnaient la peine de m'expliquer et m'expliquer encore afin que je comprenne. Je crois aussi que cette situation les amusait.

Au cours des années, nous passions plus de temps ensemble, on s'invitait, les soirées étaient arrosées, longues, là où il y avait un jardin, tous autour d'un feu, où des pommes de terre étaient cuites dans la cendre…..quelquefois un peu de lard. C'était des gens qui travaillaient la journée, comme moi, avaient des enfants que l'on réunissait souvent.

On refaisait le Monde, on chantait, dansait, ils rêvaient de Liberté ! D'être Européen, l'entrée de la Hongrie dans l'Union européenne m'a beaucoup touché.

On parlait politique……de façon très nuancée car les mûrs avaient des oreilles !

Il y avait des micros partout, même dans les toilettes et les voitures. Il valait mieux être à l'extérieur pour parler …

La Hongrie était un pays agricole extraordinaire mais la moitié des récoltes partaient gracieusement chez « les amis soviétiques ».

Les gens se débrouillaient. Ils possédaient la faculté de s'adapter à la situation, avaient une grande autodérision et tout évènement, discours politique était, le jour même transformé en blague.

Nombreux étaient ceux qui disaient : « nos cousins soviétiques sont venus nous libérer, mais ils ont oublié de repartir ».

Le ravitaillement était difficile, il valait mieux avoir des réserves. On ne savait jamais quand il y aurait un arrivage de denrées : papier toilette, savon, farine, sucre ou en hiver bananes, et quand il y en avait un – on faisait la queue – des heures durant pour acheter ce qu'il y avait….et le stock terminé, la marchandise disparaissait pendant des mois.

Habituellement les magasins étaient vides.

Quand on voyait faire la queue, on la faisait sans même savoir ce qu'il y aurait à acheter !!! Si l'on pouvait on avertissait les proches pour leur annoncer la bonne nouvelle.

Chaque personne avait droit à son quota et rien de plus !

La Hongrie était fermée, seuls les citoyens d'autres pays de l'Est étaient autorisés à y passer quelques jours, surtout des représentants officiels.

Le personnel des Ambassades devaient avoir une autorisation de sortie de territoire pour quitter la Hongrie.

Par contre, en été au Lac Balaton, les Allemands des deux Allemagnes venaient passer quelques jours pour se retrouver en famille. C'était surveillé, mais toléré….. Les Allemands (RFA) dépensaient des devises, le gouvernement hongrois était satisfait……la monnaie hongroise n'était pas convertible.

Les transports en commun étaient peu chers, de même que les livres, les disques ; les places de théâtre, concert, opéra avaient le même prix que les places de cinéma (bon marché) car tout le monde devait avoir accès au savoir, à la culture, sans différence !

On était tous habillés de la même façon, il existait deux à trois sortes de vêtements tant pour les hommes que pour les femmes, couleur : noire, gris, brun ; pareil pour les chaussures.

Les Hongrois étaient avides de savoir, il n'était pas rare qu'ils aient suivi deux à trois universités.

Le travail était obligatoire ! Tout le monde était employé de l'Etat, du médecin au boulanger.

Les salaires étaient bas, les journées peu remplies. A l'époque, rien n'était privé.

Les vacances étaient organisées par les entreprises, « comme des colonies de vacances » où tout le monde se retrouvait dans d'assez bonnes conditions, avec garderies pour les enfants, et très peu chères.

Les soins médicaux étaient gratuits, les retraites, petites mais suffisantes.

Certains Hongrois -peu- avaient une voiture en plastique qui s'appelait Trabant, fabriquée en Allemagne de l'Est. D'autres avaient une télévision, il n'y en avait qu'une sorte et qu'une chaîne.

Les voitures des administrations étaient toutes soviétiques, imposantes et noires, quand elles arrivaient, souvent vite, les gens se retiraient sur leur passage !

La mendicité n'existait pas. Les gens étaient calmes, souriants. Aucune tension n'était perceptible.

Le peuple hongrois est fier….le manque de liberté devait leur peser……mais on n'en parlait pas.

Pendant ces quatre années, je me suis fait des amis au cours du soir et surtout une amie Agi (Agnès).

Sa famille était francophile, elle m'a fait découvrir Budapest, la belle ville où je vivais. N'oublions pas que l'Impératrice Sissi avait adoré Budapest, elle-aussi !

Budapest, Capitale longtemps connue sous le nom de « Paris de l'Europe Centrale ». Budapest a connu au cours des siècles une litanie d'invasions, d'où sa diversité. Le Danube la traverse, les ponts sont nombreux. Ils relient Pest, « plaine » administrative à Buda et ses collines avec le Château Royal, ses Hôtels particuliers, ses magnifiques monuments. Tout se mélange dans cette ville : le passé chargé d'histoire, le modernisme, l'art, l'humour hongrois, la mode, le communisme et actuellement le capitalisme !

Il y avait énormément à voir, nous prenions le petit avec nous et nous nous régalions. Agi était très douée pour le dessin et la mode. Elle a réalisé son rêve : partir aux Etats-Unis et devenir une grande styliste.

Nous allions souvent au musée, voir des spectacles au théâtre, déguster des pâtisseries que je ne connaissais pas encore.

Une fois, nous sommes allées aux bains turcs, c'était une architecture magnifique, comme dans les contes, un bassin était réservé aux hommes, l'autre aux femmes. On était nus et l'on vous distribuait un tablier blanc amidonné qu'il fallait porter. Dans l'eau, le tablier flottait, on aurait cru que les gens avaient des bavettes.

C'était vraiment amusant, le bassin était rempli de « sortes de plateaux blancs «.

Les hommes eux, jouaient aux échecs dans l'eau !

L'Ambassade se trouve dans un quartier résidentiel, près de la Place des Héros (Hösök Tere), très connue pour ses statues des conquérants et chefs d'Etat importants et deux magnifiques musées (le musée des Beaux Arts et la Galerie des Arts) qui bordent cette place.

La pause-déjeuner s'y passait souvent. Derrière cette place se trouve le Bois de Ville et un lac artificiel, avec des barques en été et une patinoire en hiver.

C'était un grand bonheur de vivre dans cette magnifique capitale, tout en étant si proche de la nature.

Tout se passait plutôt bien dans ma vie, encore quelques mois et le but serait atteint mais quelquefois et surtout quand mes collègues partaient en vacances en France, j'avais mal car mon pays me manquait….je vivais dans un milieu de travail français…..mais ce n'était pas la France, et puis, je n'avais personne à qui parler ….de ma vie antérieure…..on n'aurait pas compris !

J'écrivais et téléphonais régulièrement à Mémère, mais elle n'aimait pas le téléphone…..de plus il était chez la voisine.

Quelque fois j'aurais aimé aller la voir……mais je n'avais pas d'argent français……j'étais payée en monnaie locale.

Pendant ces quatre années, j'avais occupé divers fonctions et puis j'obtins mon diplôme et devint l'interprète de l'Ambassade de France.

L'Ambassadeur me donna des conseils à suivre, me mit en garde « ne parler de choses importantes qu'à l'extérieur des bâtiments, pas même dans une voiture », ne jamais avoir de contact privé avec des officiels, rester à ses côtés lors des entretiens, avoir un vocabulaire soigné, une allure classique et impeccable. Se contenir, garder son calme et sourire en toute circonstance.

Nous représentons la France me dit-il et surtout respectez le protocole !

Une revue de presse avait lieu tous les jours à 11 heures- je recevais les journaux hongrois chez moi- et commençais à les lire avant d'arriver à l'Ambassade. Je faisais un résumé des articles de fond en français à ces Messieurs-Dames. Chacun choisissait les articles relatifs à leur domaine, ils étaient traduits et remis en fin de journée.

D'autre part, je devais accompagner Monsieur l'Ambassadeur ou ses proches collaborateurs pour leur servir d'interprète dans des ministères, au Parlement, dans des administrations importantes, pour des conférences, des fêtes nationales, des soirées, des cocktails.

Mes premières séances d'interprète eurent lieu à l'Ambassade, avec beaucoup d'appréhension bien sûr mais dans le feu de l'action je ne vis pas de problèmes majeurs. Après, mon chef me dit : à l'avenir, si vous ne trouvez pas spontanément un mot décrivez-le moi ou le contexte….ne perdez pas de temps à réfléchir !

Puis un jour la secrétaire me fait savoir que nous irions, l'Ambassadeur et moi, le lendemain à 16 heures au Ministère des Affaires Etrangères. Mon chef m'avait laissé un mot « soyez simple, classique, peu de couleur ».

Je pris mes vêtements avec moi pour me changer sur place. Je m'étais décidée pour un tailleur bleu-marine, chemisier blanc, chaussures et sac assortis. Ma queue de cheval se transforma en chignon.

La porte de mon bureau s'ouvrit, mon chef était là : vous êtes prête ? Nous avons pris la voiture de service, je devais m'installer derrière avec mon chef.

Quel silence dans cette voiture, on aurait entendu une mouche voler...

Arrivés au Ministère, immense bâtiment avec gardes, huissiers, garde près du bureau où l'on se rendait.

Un homme élégant, d'une cinquantaine d'années nous accueille, les présentations faites, nous nous installons et mon travail commence. L'entente entre les deux hommes est cordiale, le personnage dit aimer la France.... L'entretien dure environ deux heures.

Remarque dans la voiture : pas mal pour un début....J'avais les jambes qui tremblaient et je n'étais pas certaine de pouvoir encore marcher avec mes hauts talons !

J'avais encore tant de chose à apprendre, je n'avais que vingt- trois ans !

Entretemps nous (Je) avions acheté un petit appartement, quelle occasion ! Etant donné qu'il n'y avait pas de Banques pour particuliers, donc pas de possibilités de crédit, j'en pris un auprès de l'Ambassade, de mes amis et de Mariskanéni.

L'appartement a été mis au nom de Tibor, les étrangers n'avaient pas le droit de propriété en Hongrie. Cela ne m'inquiétait pas : l'important était que l'on soit chez nous et uniquement tous les trois.

C'était un appartement simple au 6ème étage avec ascenseur, Tibike aurait sa « très petite » chambre. Nous n'avions aucun meuble, mais un matelas par terre faisait l'affaire. Nous étions si contents !

Notre voisin, danseur à l'Opéra, répétait sur la terrasse, il y avait tout pour plaire ……la musique… et lui beau comme un Dieu …… mais je crois qu'il avait une préférence pour les Messieurs…

Nous avions une bande d'amis, on s'amusait bien. Le régime politique devenait un peu moins sévère, les restrictions diminuaient…..je n'avais évidemment pas la même vie qu'eux.

Les Ambassades avaient des magasins avec des articles méconnus dans le commerce local. Nous avions plus de facilités que nos amis.

En été, nous passions les week-ends au bord du Danube, on ne tenait pas en ville par la chaleur qu'il faisait. L'entreprise de Tibor offrait des bungalows (très peu chers) un peu à l'extérieur de la ville. C'était très sympathique, avec les copains, les enfants, les baignades dans le Danube, les grillades, les nuits étaient longues …..On dansait, chantait et le lundi matin, avec un air de vacances dans la tête, on s'en retournait tous à nos devoirs…

Mariskanéni venait souvent chez nous et j'y allais régulièrement pendant ma pose de midi. Je lui faisais connaître des tas de choses, je la gâtais comme je pouvais. Elle était belle, digne, gaie. Les parties de fou-rire étaient souvent au programme. Je lui faisais goûter des choses infâmes à ces yeux (du fromage, des huitres…) mais elle mourait de rire.

Elle était devenue ma confidente ….comme c'était bon de l'avoir…..

Je lui confiais les absences de Tibor et l'état dans lequel il rentrait. Il vendait tout ce qu'il possédait, veste, montre, bague, portefeuill…etc…et rentrait complètement ivre en chantant. Moi de mon coté, ne sachant que faire j'appelais les hôpitaux, la police ……c'était si fréquent que l'on me reconnaissait, et je mentais le matin à mon fils, disant qu'il était déjà parti travailler.

Mariskanéni, elle, me racontait son histoire. Ses parents l'avaient mariée à seize ans à un homme beaucoup plus âgé qu'elle, mais qui possédait des terres. Six mois après leur mariage, la police venait l'arrêter…emprisonnement…..jugement : il avait tué un homme dans une bagarre.

Après le jugement, elle s'était enfuit du village, sans en parler à personne et était venue à pied (env.200km) à Budapest avec pour fortune un petit sac et quelques vêtements. Elle avait trouvé une famille qui avait bien voulu l'héberger, puis du travail dans une usine qui faisait des téléphones.

Sa vie durant, elle avait eu peur lorsqu'on frappait chez elle à l'improviste, elle était toujours mariée et elle a craint jusqu'à la fin de voir réapparaitre ce personnage qu'était « son mari ». En Hongrie, une femme mariée porte le nom de famille et le prénom de son mari, suivi de –né (madame). Le nom et prénom de la femme disparaît complètement des papiers officiels.

Nous allions de temps en temps voir les parents de Tibor, c'était toujours la fête ! Le jardin était de toute beauté avec des fruits magiques, on pouvait à peine tenir une pêche dans ses deux mains. Les grands-parents étaient très fiers de leur petit-fils, il était devenu un très beau garçonnet, gentil, tendre. Il travaillait bien en classe, avait de nombreux copains et copines…un réel bonheur.

Nous passions la plupart des vacances à la hongroise, dans la maison de vacances de l'entreprise où travaillait Tibor, cela plaisait à mes deux hommes ; le petit avait des copains et le grand, la fête et des copines. Il avait disparu une nuit où je dormais, avait fermé la porte à clé et était reparti pour Budapest (env.100 km) avec la clé. Enfermée pendant deux jours, espérant son retour, j'ai ensuite crié par la fenêtre. Ses collègues sont venus et ont défoncé la porte.

Je n'ai eu aucun commentaire de personne, mais j'avais honte !

J'étais désemparée, je l'attendais souvent en vain….. A son retour, je le raisonnais, il regrettait……..puis recommençait.

Un cousin nous a demandé d'être témoin à son mariage à la campagne. Après une journée de trajet en train, on nous attendait à la gare avec une calèche qui nous mena à travers champs et hameaux.

Sur notre parcours, il y avait des fermes à toit de chaume, des puits très curieux, des bœufs à cornes très longues, des chevaux en liberté, des troupeaux de moutons avec les bergers à pantalons blancs très larges juchés sur leurs chevaux accompagnés de leurs chiens et à perte de vue des troupeaux d'oies blanches.

Les gens que l'ont croisait nous parlaient, le cocher leur racontait que nous étions venus de Budapest pour le mariage ! Qu'est-ce qu'on était secoués et quelle poussière, on mourait de soif mais aucun café à l'horizon !

En arrivant au village, celui-ci était totalement décoré et fleuri, des tables et chaises partout, des feux étaient préparés, tout le village serait présent. Les hommes avaient tué les bêtes, les femmes préparaient des merveilles de plats et pâtisseries.

Sur le chemin de la mairie, c'étaient des cris de joies, des plaisanteries, des chants et à notre retour l'orchestre tzigane nous attendait. On a fait la fête pendant 3 jours, sans pratiquement se coucher !

Le deuxième jour, la mariée s'est changée, elle portait une robe simple et un petit fichu blanc sur les cheveux. Elle ne pouvait plus retirer ce fichu que pour son mari….c'était la coutume dans les campagnes.

Les anciens étaient en costume folklorique : les hommes en costume noir, chemise blanche large à col mao, les manches très larges, bottes et chapeau noirs ; les femmes portaient des jupes très larges avec d'innombrables jupons, chemisiers colorés brodés main, coiffes brodées et bottines de diverses couleurs.

Certaines danses se pratiquaient au dessus de carafes de vin. Si une carafe se renversait, une tournée était payée pour tout le monde par le maladroit.

Ils étaient tous heureux de nous voir, reconnaissants……comme nous étions de la ville et eux de la campagne un monde nous séparait. La mère du marié n'arrêtait pas de me dire que j'étais belle…élégante…..elle trouvait que même mes pets sentaient bons………………………

Ce n'était évidemment que mon eau de toilette !

Les habits en Hongrie n'avait pratiquement pas évolués, c'est donc mon amie Agi qui me les créait, surtout mes tenues de soirées. Les tissus venaient de Vienne.

Agi avait un grand talent, elle me réalisait mes tenues magnifiques aussi belles que celles de ces dames, qui pourtant portaient la signature de grands couturiers parisiens.

Il y avait deux sortes de soirées où je me rendais, celles où j'étais interprète et celles où j'étais conviée mais presque obligatoires- Les premières étaient donc des soirées de travail mais moins astreignantes que les pourparlers officiels. Il fallait cependant rester très à l'écoute et vigilant, d'autant plus que ces Messieurs-Dames s'amusaient. Champagne et caviar en abondance.

A cette époque soviétique, on ne trouvait le caviar que dans des pots d'un kilo, impensable ….n'est-ce pas ? Il était distribué avec une petite louche !

Ces soirées avaient toujours lieu dans des endroits de rêve, somptueuses demeures, résidences de Hauts fonctionnaires, meilleurs hôtels, restaurants chics, promenades sur le Danube avec bateau réservé pour l'occasion et orchestre bien sûr…..

La musique et le folklore faisaient partie de la vie en Hongrie. Les bons restaurants avaient tous un orchestre tzigane, il y avait avec cette musique et ces chants une ivresse – gaie ou mélancolique – il n'était pas rare de voir pleurer certains convives.

Le folklore, était présent partout : dans les maisons avec les broderies, les meubles, dans les restaurants les nappes, poteries diverses, orchestre, dans l'habillement, dans les coutumes, bien sûr.

L'une de celles-ci, une de mes préférées : le lundi de Pâques. Tous les garçons, les hommes de cinq à quatre-vingts ans vont arroser les filles, les femmes qu'ils portent dans leur cœur, avec une eau de toilette, leur récitant un poème. Celles-ci, attendent souvent toute la journée le bienvenu avec une boisson, des gâteaux si possible faits maison et des œufs peints à la main.

Il y a très longtemps, cette coutume, se réalisait avec des sceaux d'eau……..le modernisme a du bon, n'empêche qu'à la fin de la journée les femmes sont très heureuses de prendre une bonne douche pour oublier les divers parfums.

Lors de mes soirées mondaines, je côtoyais toute la diplomatie occidentale et la bonne société hongroise. Les lieux étaient grandioses et les tenues aussi. Que de soieries, bijoux, fourrures, pour un pays où les magasins étaient vides, c'était plutôt choquant.

Moi-même, je portais des robes de soirées très belles, j'étais courtisée par des hommes de pouvoir, je recevais des fleurs, des invitations……des demandes pour des parties de tennis dans des clubs privés…..avec mon plus beau sourire je leur disais que j'étais mariée !

Doucement, je m'habituais à être dans ce monde, je me sentais « utile », moi qui aime le beau parler, j'étais gâtée. Je me retrouvais souvent au milieu de deux mondes « l'est et l'ouest « tellement différents, avec des tensions, des préjugés, des rancoeurs, des douleurs provenant de l'histoire (c'était la Guerre froide).

Je travaillais avec les mots d'une langue à l'autre - en essayant de comprendre - pas seulement leur sens, mais le contexte que voulait faire passer ou pas mes interlocuteurs. Je pouvais être un détonateur ou un frein, je m'appliquais en tous cas, à transmettre au plus juste, dans la situation donnée, les éléments de l'un à l'autre en préservant les relations franco-hongroises.

C'était grisant et effrayant à la fois !

Tibor était convié, lui aussi à certaines soirées. J'étais toujours inquiète que cela ne dégénère…..Il adorait être entouré de belles femmes et savait y faire. A une fête des Rois, il le fût, désigna la femme de l'Ambassadeur pour Reine, mais lui fit une cour tellement pressante que l'Ambassadeur me demanda d'intervenir discrètement….

Il y avait aussi les moments cocasses : un 14 juillet, l'Ambassadeur, après son discours, déclare qu'il ouvre le bal avec la benjamine que j'étais. Nous voilà emportés sur une valse de

Strauss……..on se prend les pieds dans un fil (un micro peut être) et nous nous étalons par terre l'un sur l'autre……Silence ……………… Absolu……………… nous étions environ trois cents convives………………. Stupeur des invités…………personne ne bougea.

Moi, j'avais envie de rire et ne savais pas si je devais ou pas l'aider à se relever……

Après quelques instants, nous avons repris la danse…….. ……nettement moins fougueuse !

Bien qu'ayant fait d'énormes progrès en savoir-vivre, il m'arrivait d'avoir encore des failles !

Invitée à Paris par un Grand Banquier dans un des plus célèbres restaurants parisien, la carte me semblait compliquée, je me facilitai la tâche en prenant la même chose que mon voisin.

Des escargots en entrée !

Je n'avais encore jamais vu de pince….tout s'est très bien passé avec le premier escargot…….mais le 2ème était un rebelle qui est parti à toute allure………………. .. …… pour aller s'écraser dans le décolleté d'une dame corpulente………………Imaginez la scène !

Le banquier s'est précipité vers la dame offusquée pour lui présenter des excuses et lui remettre sa carte pour le teinturier……moi, prise d'un fou rire incontrôlable, j'en attrape ensuite le hoquet !!

Nous ne nous sommes pas attardés à la Tour d'Argent. ..

Les absences de Tibor devenaient de plus en plus fréquentes et plus longues. On ne pouvait rien prévoir, même pour les fêtes ou vacances… il oubliait……rentrait trop tard.

Il oubliait même d'aller chercher son fils -qui posait de plus en plus de questions. J'essayais de le raisonner, mais il avait toujours ce besoin de partir…de s'évader.

Ses amis m'avait dit qu'il vivait de la même façon avant son départ de Hongrie, il avait besoin de cette vie de bohème. Je sentais aussi qu'il nous aimait mais il n'était pas fait pour le mariage.

J'aurais tellement aimé changer cette situation, nous aurions pu avoir une belle vie, même les dettes étaient remboursées !

Après plusieurs années, j'ai pu aller voir Mémère. Une collègue partait seule en voiture, je suis donc partie avec elle. Elle avait en plus accepté de me changer des Forints (monnaie hongroise) contre des Francs français…..quelle aubaine ! A Strasbourg, j'ai pris le train. Quel bonheur de retrouver la France, les inscriptions en français, les odeurs, les magasins débordant de marchandises ; Si j'avais osé : j'aurais hurlé ma joie !

Première chose à mon arrivée, je me précipite sur une baguette et un camembert que je fais disparaître en quelques bouchées !!

Chez Mémère……comment dire…..avec le temps j'avais transformé les choses, je ne les voyais plus aussi tristes, aussi dures.

Mémère me détaillait des pieds à la tête : tu es devenue une grande dame, j'espère que ça te plait !

 Et pour mon travail, j'avais beau lui expliquer, elle ne voulait pas comprendre et disais et redisais : tu n'es pas une espionne au moins ? Je n'ai jamais su si elle était contente. Elle a invité le Curé qui lui a dit que j'étais un exemple pour les jeunes et il m'a embrassé !

Je ne suis restée que 3 jours, c'était pénible, on aurait crû que j'avais quelque chose à me reprocher, et ces silences…je suis repartie avec un poids énorme sur le cœur, tout était étrange, je l'étais sûrement moi-aussi.

J'ai repris le train et ai fait une halte à Vienne, ville que je connaissais assez bien pour y venir avec la valise diplomatique. Je ne voulais pas rentrer chez moi plus tôt que prévu.

Je suis passée à l'Ambassade, on me connaissait, j'ai pu avoir une chambre et j'ai visité cette magnifique ville avant de rentrer chez moi.

Je n'ai raconté mon désarroi qu'à Mariskanéni, elle m'a réconforté et m'a dit : « ta vie est devant toi – pas derrière ».

Dans ce monde diplomatique, les départs et les arrivées sont fréquents ; en effet les contrats pour un poste sont de trois- quatre ans. Ainsi au cours des années, on voit défiler de nouveaux chefs et de nouveaux collègues.

C'est un éternel recommencement, pas toujours agréable ! La devise : ne pas trop s'attacher ! Ainsi mon Chef de poste, lui aussi partit … j'avais beau être plus à l'aise, j'étais paniquée à l'idée de voir arriver quelqu'un d'autre !

Ce nouveau Chef était impressionnant, il mesurait environ 2 mètres ; les premiers temps, j'avais le sentiment de rapetisser dans tous les domaines mais ce Monsieur a continué mon enseignement de la diplomatie…….de la vie avec beaucoup de compréhension et tact.

Lentement mes craintes s'envolaient, je m'habituais à ce nouveau style, m'efforçant d'être à la hauteur. Il arrivait même que je reçoive des compliments.

Je connaissais de plus en plus de monde aux soirées mondaines, on me reconnaissait souvent, je passais à la télévision accompagnant des personnages importants….j'avais une certaine « notoriété ». J'en étais flattée, je m'adaptais davantage à mon public avec plus d'aisance.

De temps en temps, quand je rentrais, mon petit garçon, tout fier, me disait qu'il m'avait vu à la télé.

Et puis un soir vers 18 heures, je rentre chez moi, le Samu est là avec la Police ! Qu'est-il arrivé ? Tibor avait été transporté à l'hôpital, il avait essayé de nous quitter !

A sa sortie, ma décision…était prise…. C'en était trop, je ne pouvais plus continuer….je ne pouvais plus lui pardonner.

Je lui ai dit que j'allais demander le divorce, il ne voulait pas ou ne le croyait pas !

La procédure de divorce était très rapide, une séance de réconciliation et quinze jours après, le jugement était notifié, à condition que les deux parties soient consentantes. Après maintes discussions, il a accepté de divorcer. Mais la garde de Tibike posait problème, les garçons de plus de sept ans étaient confiés au père. Il n'était évidemment pas question que je laisse mon fils et Tibor n'était pas très paternel...

Un acte notarié a été fait précisant que j'avais la garde du petit, sans pension alimentaire, en contre partie, je laissais l'appartement avec le mobilier à Tibor.

J'aimais toujours mon mari, j'aurais tellement voulu garder ma petite famille, mais ce n'était plus possible……

Tous ceux qui ont divorcé avec un enfant savent combien c'est douloureux….combien on culpabilise…

Je m'étais organisée avec mon amie (Agi) pour vivre chez elle avec Tibike le temps de trouver un appartement.

L'ACCIDENT

Le jour de la conciliation est arrivé (22/12/1970). Je vais travailler en me trainant, je suis fatiguée, triste. Arrivée au bureau, heureusement, ce n'est que la routine, je ne vois personne.

A 13 heures, je quitte mon bureau pour prendre le métro, je dois être au Tribunal à 14 heures. Je sors du métro Place Liszt Ferenc et traverse sur un passage piéton le Boulevard de la République Populaire (Népköztarsasàg Utja), je suis la première du peloton de piétons,

Quand …….JE VOIS……UNE GROSSE VOITURE

NOIRE ………ARRIVER …….A TOUTE ALLURE !!!
N………………………O…………………….N…. !!!!

Mon Dieu……… je suis percutée……. de plein fouet
…………………………………………………………………..

Quel bruit !!!……………………………………………..

Projetée en l'air………je m'écrase vingt-sept mètres derrière la voiture sur le ventre…..

Je ne sens plus rien à partir de la taille ………

J'entends de très loin les gens qui disent la pauvre fille….elle vit encore ?

Et le cinéma de ma vie défile dans ma tête.

Puis c'est les sirènes et l'ambulance, on me retourne, j'ai mes deux jambes !…………………………

Puis plus rien…………………………………….

J'ouvre les yeux, je suis dans un lit d'hôpital, Tibor est assis près du lit……….

Tu vois me dit-il le Bon Dieu ne voulait pas qu'on divorce !

Je lui demande depuis combien de temps…………………….

Et le petit……………………………………………

Tout ce que je comprends : j'aurais dit aux ambulanciers de prévenir Tibor et Mariskanéni pour aller chercher le petit à l'école………….

Puis je ne sais pas, je ne sais plus….

Quand je reviens à moi je comprends un peu : je souffre de multiples fractures dont une très grave « fracture ouverte du col du fémur ».

J'ai été opérée plusieurs fois….je n'arrive pas à fixer les choses…..les médecins viennent souvent mais je ne comprends rien….Je ne fais que dormir…J'ai des tuyaux partout….

Plus tard je suis mise dans une chambre normale, je n'ai toujours pas de visite sauf Tibor. On ne parle pas……on pleure………….

Il est toujours question d'infection, je ne comprends pas ce qu'est cette infection…..je mélange les jours et les nuits….je dors presque tout le temps.

Un jour, Tibor vient sans manteau, je lui demande pourquoi, il me dit : il fait beau, tu sais : c'est le printemps !

Et puis le médecin vient me voir, s'assied sur mon lit, il me raconte : l'infection osseuse,

Ils ont dû m'enlever la tête de fémur – huit cm – rien ne tient plus, c'est très compliqué, je ne comprends pas bien mais je lui demande quand je remarcherai : vous marcherez avec un appareil me répond-il …… je ne comprends pas non plus, mais je sens que c'est épouvantable

Je l'insulte…j'arrache tous les tuyaux ……. je hurle…..ils viennent….

Plus tard je suis mise en chambre commune, j'ai droit à la sonnette, la seule pour 6 malades.

Mes compagnes de malheur sont gentilles, je suis la plus jeune, mais la plus atteinte, celle qui ne peut pas bouger de son lit…..J'ai droit aux visites, mon petit bonhomme vient avec

Mariskanéni…..il ne veut pas m'embrasser le pauvre petit, il a peur.

Je ne me reconnais pas moi non plus dans mon petit miroir – je ressemble à un jeune garçon – j'ai perdu plus de 20 kg – ils m'ont rasé la tête….

Pauvre bonhomme, c'est trop dur de voir sa maman dans cet état.

Mes collègues viennent toutes, elles m'apportent des fruits, des salades, ce qu'on ne reçoit pas à l'hôpital. Mes amies aussi viennent, et elles aident Mariskanéni à s'occuper du petit.

Elle vient presque chaque jour avec du linge propre….comme il sent bon la maison, elle m'apporte de bons gâteaux, le petit vient avec elle les dimanches.

Elle s'en occupe bien, il est calme, j'essaie de lui parler, de lui raconter que je vais guérir, de le faire rire comme avant.

Il n'y a ni télévision, ni téléphone à l'hôpital. Je leur ai demandé de me trouver du travail, je ne peux lire ou broder à longueur de journée. On m'apporte donc des rouleaux de diapositifs que je découpe, encadre et je dois les classer par opération et par date chronologique.

Avec le temps et un plus de forces, j'en suis arrivée à me détester, me dégouter…. et puis mille fois par jour cette question :

« Pourquoi ? », « Pourquoi moi ? »

Il m'arrivait souvent de penser à celui qui m'avait renversée….je croyais qu'il viendrait me voir ou m'écrirait……qu'il me dirait pourquoi il roulait si vite……comment ça c'était passé…………….ce ne fût pas le cas…….

A l'hôpital (des accidentés) ….le temps passait autrement, plus lentement. Il y avait les horaires, la toilette à 5 heures du matin…..le bruit des couloirs, les sonnettes, les cris, le bruit des accidentés qui arrivaient, celui des ambulances, celui du charriot avec les repas. C'était propre, tout était réglé, c'était une autre vie.

Mes collègues m'avaient offert un petit transistor, ma compagnie. J'écoutais une chaîne de musique classique de façon très discrète, toute la journée. Je me suis initiée à cette musique pendant cette période. Elle m'apportait calme et douceur, maintenant aussi.

La femme de l'Ambassadeur venait me rendre visite une fois par semaine, elle me gâtait avec des journaux et revues français. Elle essayait toujours de me faire plaisir….elle était très belle, très élégante. J'avais remarqué que lorsqu'elle était là, le Grand Professeur venait souvent dans ma chambre, il paraissait intimidé, il rougissait en lui faisant le baisemain ….. Cela m'amusait…Les autres médecins, trop jeunes eux, étaient gênés.

Les médecins venaient tous passer leur garde près de moi. On jouait aux cartes, on parlait, on riait. J'oubliais quelquefois où j'étais et pour eux c'était drôle, de passer leur garde avec une jeune patiente française, qui parle leur langue. J'apprenais à les connaître, leurs hobbies, leurs familles, les enfants, j'ai gardé de fidèles amis parmi eux.

Les infirmières m'ont été pendant tout ce séjour d'une grande aide, dévouées avec moi, toujours souriantes, elles m'ont apporté de la gaieté, ce sont les seules qui osaient me taquiner, personne d'autre ne le faisait plus….Elles aussi, m'apportaient des journaux, hongrois, ceux-là.

L'été était là. Il faisait de plus en plus chaud 40°, j'avais droit à une bassine d'eau « froide », je m'aspergeais toute la journée et plus encore la nuit. Mon lit était quelque fois dans un état, je n'ai jamais eu de remarque, au contraire, souvent quand l'une d'elle arrivait, elle me retournait carrément la bassine sur la tête et c'était des éclats de rire et des sottises qui sautaient dans tous les sens, ça faisait du bien !

Un jour, Tibor est venu me voir, cela faisait longtemps qu'il n'était pas venu…..pour m'annoncer qu'il avait refait sa vie…..et que de toute façon, il ne pourrait pas vivre avec une Infirme.

Ce fût un électrochoc………

INFIRME ! Voilà ce que j'étais !!

Et puis toutes ces questions qui revenaient sans cesse….comprendre, essayer d'accepter………… M'accepter…………….

Je devais guérir, je devais vivre, ou plutôt revivre, je devais élever mon enfant !

Puis l'Ambassade m'a fait savoir que mon contrat ne sera pas reconduit. N'étant pas fonctionnaire mais avec un contrat local, j'avais droit à quatre mois de maladie et un mois de congé….j'avais tout épuisé…c'était fini……

Heureusement André (un ami) a constitué un dossier d'accident – car ce n'était pas une maladie – qui n'avait pas été déclaré au Ministère ; il y avait un constat de police et un jugement aurait lieu, ce fût une longue bataille que l'on a gagné….j'ai été réintégrée à l'Ambassade.

C'était en juillet, quand le Professeur est venu en m'annonçant que l'infection régressait. Ils allaient arrêter la morphine…..désintoxication, et l'on allait me fabriquer un appareil orthopédique.

Ce fût fait. Il pesait 8 kg avec la chaussure incorporée………

C'est avec cet engin que je pourrais marcher et 2 cannes !!!

Les hôpitaux en Hongrie, à l'époque, étaient plus que vétustes, la technique quasi-inexistante, mais le personnel médical, l'humain, lui, exemplaire !!

Agi m'avait pris mes mesures pour me faire des vêtements qui cacheraient…… c'était affreux, rien n'allait. Il valait encore mieux ne pas cacher !

En août, le Professeur est revenu … je vais bientôt vous redonner votre liberté, me dit-il, en me prenant la main : Vous êtes solide, mais le plus dur reste à venir. Ici, vous êtes entourée, comprise, en famille, enfin presque.

Dehors, vous allez retrouvez la vraie vie et devoir affronter le regard des autres. Sachez que je serai toujours là pour vous, ne me laissez pas sans nouvelles ! Bonne Chance !

Ils ont organisé une fête pour mon départ, je crois que toute le monde essayait d'être gai ………….j'avais mis mon appareil, c'était Horrible……………….. Je le détestais……………..

Mais je ne pouvais pas les décevoir, ils avaient tous tant fait pour moi, pour me remettre sur pied. Je ne pouvais pas les trahir ; pour eux, c'était une victoire, je n'étais plus couchée mais debout…………………on aurait cru qu'ils ne me voyaient pas comme j'étais…………….

Je ne réalisais pas encore la suite…… le peut-on d'ailleurs ?

Le 22 août 1971, je ressortais de l'hôpital

    J'avais réussi à rester en vie !

Ma nouvelle Vie

Il avait été décidé que je resterais quelques jours « chez nous » avec le petit pour lui parler, m'organiser, prendre nos affaires. Mariskanéni était toujours là pour m'aider….que dis-je, c'était bien plus que de l'aide, je ne pouvais rien faire seule, sauf quand j'étais assise.

Après quelques jours, nous sommes allés loger chez Agi, avec tous nos biens : soit quatre valises…..quelle épreuve !

Chez mon amie, il y avait toujours du va et vient, elles étaient 4 sœurs et sa maman ….c'était gai, plutôt bohème…..

Les sœurs étaient toutes artistes de théâtre, de cinéma, de cirque, la maman donnait des cours de piano ; elles répétaient leur rôle, chantaient, dansaient……il y avait un certain grain de folie qui me faisait oublier le reste. La maman avait une voiture, me sortait de temps en temps… il fallait que je marche avec l'engin………………

Je pensais souvent au Professeur Manninger, il m'arrivait de ne plus vouloir sortir, de ne plus vouloir me montrer, je ne voulais plus personne autour de moi…..

Dans la rue les gens s'arrêtaient et posaient des tas de questions…

Je me suis ensuite arrangée avec l'Ambassade pour faire des traductions à domicile, c'était essentiel car je voulais reprendre le travail le plus rapidement possible. Et puis un jour, j'appris qu'un collègue partait vers un autre poste, je pouvais reprendre son appartement! Je l'ai repris quelques jours après.

Il était situé au centre ville, dans un immeuble avec ascenseur ; la cuisine était quasi aménagée…Le collègue m'a laissé des choses qu'il ne voulait pas prendre. Cela m'arrangeait drôlement, nous ne possédions plus rien.

Tous mes amis m'ont aidé à reconstruire ce petit foyer…. Quelques jours après, c'était devenu vivable, « une brocante » mais quel soulagement!

Mariskanéni venait tous les jours, je n'y arrivais pas seule, Tibike avait changé d'école, il pourrait s'y rendre à pied, tout devait être simplifié.

Je repris le travail début octobre…..il le fallait, à tous point de vue….

Je m'étais organisée avec les taxis pour obtenir une sorte de forfait : un taxi viendrait me prendre le matin et m'emmènerait à l'Ambassade et le contraire le soir. Le trajet n'était heureusement pas bien long, donc pas trop onéreux.

J'assurerais désormais les traductions de journaux, devis, factures, et autres ainsi que des permanences téléphoniques dans un petit bureau du rez-de-chaussée.

J'étais très heureuse de pouvoir retravailler, d'être seule dans mon coin... nombreux de mes anciens collègues étaient partis. Les nouveaux étaient gentils, mais plutôt réservés. Mes journées se passaient sans voir quiconque, pas même mes supérieurs. Mon travail m'était distribué par la secrétaire. Je m'arrangeais pour ne sortir de mon bureau qu'à la pose de midi où je restais seule à l'Ambassade.

Je mangeais mon sandwich accompagnée de mon fidèle transistor. Au téléphone, j'étais à l'aise... il m'arrivait même de m'amuser... personne ne me voyait!

Le soir chez moi, j'étais fatiguée mais je faisais bonne figure et j'essayais d'être comme toutes les mamans. J'étais gâtée car Mariskanéni faisait pratiquement tout à ma place. Tous les trois, nous formions une équipe soudée, chacun avait son rôle, ses tâches.

Un soir, je m'aperçois que les miroirs ont disparu. J'interroge Mariskanéni qui me dit: Ta tête est toujours aussi belle, la petite glace de la salle de bain suffit.....le reste on ne le regarde pas.....elle avait raison car chaque fois que je me voyais...

Chaque soir, couchée je faisais une heure de gymnastique, cela me défoulait et après j'arrivais à m'endormir. Un des médecins que j'avais connu à l'hôpital venait nous chercher le dimanche pour aller à la piscine. C'était magique d'être dans l'eau, sa femme kinésithérapeute me faisait travailler mes muscles.
Le personnel de l'hôpital prenait régulièrement de mes nouvelles, certains passaient me voir, d'autres m'écrivaient, ils ne m'ont jamais abandonnée.

Et les Amis, tous fidèles…..ils arrivaient à la maison – cela donnait un peu de répit à Mariskanéni – avec des plats prêts, des gâteaux, des boissons et de la gaieté. On parlait, jouait, chantait. Les hommes s'occupaient un peu de Tibike. A leur départ, la maison était remise en l'état.
Heureusement que je les avais, car sortir était impossible….et je n'avais pas de voiture…..et de toute façon je n'aurais pas pu conduire.

Noël approchait, Tibike aurait aimé voir son père et sa grand'mère…..le temps avait passé…mais égoïstement je voulais le garder avec moi, je les ai donc invités à la maison. Avec Mariskanéni, nous avions fait un sapin ainsi qu'un bon repas. Le petit était heureux, chacun y a mis du sein. Nous nous sommes également mis d'accord sur le divorce puis chacun est reparti vivre sa vie.

Et le procès arriva, j'y suis allée avec Eliane, représentant l'Ambassade. Le conducteur qui m'avait renversée était un agent de la milice qui roulait à 100 à l'heure en ville.

J'étais là, avec mon appareil et mes cannes, à le regarder, à écouter, mon malheur, ma souffrance étaient traités là……..aucune réaction de la part de celui qui avait transformé ma vie……Rien…..Pas un regard…..

Il a écopé de 18 mois de prison ferme.

Le temps passait, de nouveaux collègues arrivaient, certains me questionnaient. L'un d'entre eux me dit : mais c'est un accident de parcours, le Ministère devrait vous prendre en charge pour d'éventuels soins en France.

Après un contact pris auprès du service social du Ministère des Affaires Etrangères, je reçus un courrier précisant que je pouvais être prise en charge en France pour une consultation à 3 endroits indiqués.

Je demandai l'avis du Professeur qui m'avait opérée, il me conseilla de me rendre à l'Hôpital Cochin.

J'étais terrorisée à l'idée de faire ce voyage seule, je n'avais jamais pris l'avion, je ne savais pas comment cela se passait.

Tout a été magnifiquement organisé avec les hôtesses et à Orly une ambulance m'attendait.

Et puis l'hôpital Cochin, où j'ai subi de nombreux examens après avoir traduit mon dossier médical et donné toutes les explications nécessaires. Les médecins se succédaient à mon chevet, ils voulaient tous voir mon appareil, l'un d'eux m'a même demandé si je l'avais acheté au marché aux puces……je commençais à regretter ce voyage……ils étaient distants, condescendants, certains cyniques.

Une semaine après, je fus transportée dans un amphithéâtre où se trouvait une centaine de médecins, internes. On m'installa sur une table avec les projecteurs dirigés sur moi, chacun me demandait de faire tel ou tel mouvement. J'avais l'impression d'être un bétail en vente!

Le Professeur et un autre médecin était à mes côtés. Après toute cette gymnastique, le

Professeur me demanda de descendre de la table et de marcher.

Dans ma tête, je me demande s'il est fou et lui dit : je ne peux pas marcher, » vous n'avez donc pas remarqué que je n'ai plus de tête de fémur » ?

Si, me dit-il en riant, mais essayez en me tenant les mains….je fis quelques pas avec lui, puis je fus remise dans ma chambre ……

Dans mon lit, la tête me tournait, et puis je ne comprenais rien…….que s'était-t-il passé ? Ce n'est que le lendemain que le Professeur Postel vint à mon chevet. Il m'expliqua que grâce à ma gymnastique, une boule de muscles s'était formée dans la cavité où la tête de fémur m'avait été enlevée…..je pourrais marcher sans l'appareil….en claudiquant avec deux ou une canne selon ma fatigue et surtout je devais impérativement continuer ma gymnastique pour consolider l'articulation de ma hanche.

Si je n'avais pas été dans un lit, je serais tombée par terre. MARCHER (même avec des cannes) était inespéré!

De retour à Budapest (4.11.1972), l'Ambassade avait organisé une fête à l'aéroport avec mes amis et ma famille.

Imaginez la Joie!!

L'Ambassadeur a fait un discours puis à la fin : mais, ma Chère, Ce n'est pas à Paris que vous étiez, mais à Lourdes !

L'envie de vivre m'était revenue !

Je faisais des progrès de jour en jour, je m'isolais moins, j'étais capable de regarder les autres, de comprendre leur gène, j'essayais donc de faire le premier pas (façon de parler), et surtout de sourire et même rire. Dans un cas comme le mien, les gens sont plus à l'aise si vous avez le sourire.
Je pouvais désormais m'habiller normalement…..redevenir « féminine ». Les cannes ne m'empêchaient pas de porter des vêtements élégants…..et puis assise ou même debout … sans les cannes…. On ne s'apercevrait de rien. J'étais de plus en plus habile, je cachais mes cannes dès que je le pouvais…les gens oubliaient.

Peu après j'obtins le permis de conduire et achetai une voiture…..mon indépendance revenait, j'en rêvais depuis deux ans…

Pouvoir partir seule…!!

Presque comme avant.

Dans ma voiture, j'étais quelquefois un peu heureuse, j'en avais honte.

Les dimanches, nous partions, Tibike et moi et le pique-nique…..c'était formidable, nous étions proches, on s'amusait….la peur et la tristesse disparaissaient du regard de mon bonhomme.

Il m'aidait beaucoup et voyait tout ce qu'il fallait faire avant que je lui demande.

Puis un jour, je reçois un appel téléphonique de quelqu'un pour qui j'avais été interprète avant…Je l'avais aidé ainsi qu'un ami avocat à éviter la prison suite à un accident de la circulation.
Il n'était pas rare, à l'époque, de faire des années de prison suite à un accident, et même sans procès. Il me dit qu'il est de passage et serait heureux de m'inviter à dîner. Je ne sais toujours pas pourquoi, j'ai accepté. Après je suis prise de

panique, mais Mariskanéni m'aide à me faire « belle ».

Première sortie de ma nouvelle vie!

Je rentre au restaurant, il est à table, ne semble pas étonné, du moins n'en montre rien. Il m'a apporté un cadeau de remerciements, après le dîner, il m'invite dans un night club, devant l'établissement, il ferme la voiture avant que je prenne mes cannes et en souriant : je les remplacerai.....il me prend le bras et nous entrons.
 Nous prenons un verre...et puis: on danse? Je ne peux pas................vous avez déjà essayé? « Non....et bien, dit-il : on verra bien !...............
On danse....oui, c'est bien moi....c'est agréable.... bizarre....je n'ai pas l'impression de boiter ou moins. La tension que j'ai en moi s'envole...j'oublie... je suis bien. Je ne sais combien de temps nous avons dansé...?

Puis il me ramène et dans la voiture et il me dit, passons un pacte, si vous voulez. Je suis marié, j'aime ma femme mais j'adore danser – elle pas. J'aime danser avec vous, je suis de passage à Budapest tous les quinze jours, si cela vous convient, je serai votre chevalier-danseur des vendredis soirs.

Il n'y avait aucune ambiguïté, j'ai accepté.

Les vendredis soirs m'ont fait retrouver ma jeunesse et une certaine gaité. Sur la piste de danse, j'étais comme les autres….je me sentais pousser des ailes.

J'attendais évidemment ces soirées avec impatience….c'était comme un rêve, avec sensualité, complicité, respect. La sexualité n'a jamais existé entre nous….. Nous n'avons pas osé …je crois…

Tout ce qui reste inassouvi garde sa beauté.

Ces soirées m'ont aidé à me reconstituer jusqu'à retrouver la femme perdue en moi.

Petit à petit, le sens de ma vie revenait.

Pendant toutes ces années : que de questions, de réflexions….J'en arrivais à croire que l'accident allait m'aider à rester moi-même.

Dans ce milieu sophistiqué et superficiel dans lequel je vivais, je n'avais pas été suffisamment armée pour ne pas changer….

Ce qui m'était arrivé était un frein qui m'aiderait à garder l'humilité et les valeurs qui me sont toujours chères.

La confiance revenait: je m'en sortirais plus forte!

Le temps passait, les épreuves paraissaient moins lourdes, les petits bonheurs de chaque jour étaient à nouveau présents…..j'y arrivais….

Quand la vague était trop profonde, je prenais ma voiture et je roulais souvent sans destination, souvent trop vite……c'était mon exutoire…..
Puis je rentrais - comme un boxeur après son match – fatiguée, calmée.

J'ai d'ailleurs parcouru des milliers de kilomètres dans ma voiture, le plus souvent seule, traversant des pays à risque (Roumanie, Bulgarie, Turquie) couchant dans des endroits pas très fréquentables, mes cannes me protégeaient…….partout !
Au volant de ma voiture, j'étais une jeune femme libre, intrépide, je ne connaissais plus la peur sauf par rapport à mon enfant.
C'est lors d'un de ces voyages que j'ai vu la mer pour la première fois, à Varna (Bulgarie), la mer noire. Elle m'a beaucoup impressionnée, je crois qu'elle „ a été très étonnée" de voir une jeune Française se baladant sur cette plage abandonnée avec des cannes!

Un jour d'été, sur l'autoroute entre Paris et Compiègne, une voiture de sport me double, je la redouble et un jeu de séduction, de flirt s'établit...un homme jeune.....plutôt bel homme ... je ne suis pas mal non plus...

Au bout d'environ 100 kms il me fait signe qu'il s'arrête, et met son clignotant ; Je le suis........il se gare devant l'hôtel-restaurant. Je m'arrête moi-aussi, je prends tout mon temps pour descendre....... avec mes cannes. Il est choqué, gêné, puis vient vers moi, se présente et nous entrons.

Nous déjeunons ensemble, il est drôle, bien élevé, ne pose aucune question. Nous nous échangeons nos adresses. Nous nous sommes longtemps envoyés nos vœux de nouvel an, puis un jour il m'a envoyé une invitation à son mariage, je ne l'ai jamais revu.

Je ne l'ai pas oublié, peut être que lui non plus....

La vie pouvait être belle, m'offrait toutes sortes de surprises et des gens au cœur généreux!

Un jour, je pris ma voiture et allai voir ma grand'mère. Elle savait ce qui s'était passé, je lui donnais régulièrement des nouvelles. C'était un long voyage seule, mais j'en avais besoin.

Mémère avait vieilli, elle me parut plus petite, plus flétrie….comme une pomme reinette. Chez elle le temps s'était arrêté, rien n'avait changé, ses cuivres sur le buffet en chêne, sa friteuse …la table avec la toile cirée, sa cuisinière……ça sentait bon la cire, le savon et la cuisine.

Et puis je suis allée sonner chez ma mère – allez savoir pourquoi – elle ne m'a pas laissé entrer et m'a dit : je n'ai rien à te dire.
Je suis restée trois jours chez la grand'mère, qui a invité le curé, lui, plus compatissant…..et je suis repartie…..ce que j'étais venue chercher n'existait pas ici….pas pour moi…..la grand'mère ne s'était pas radoucie.
  Au retour, il faisait une chaleur épouvantable, c'était un 15 août, j'étais trop fatiguée pour faire la route d'une traite, je me suis donc arrêtée entre Vienne et la frontière dans une pension de famille que je connaissais. Il n'y avait plus de place, mais le patron m'a proposé son lit de camp installé à la cave avec les tonneaux de vin.
 Il a fermé la cave de peur qu'on lui vole du vin, et moi, je craignais qu'il oublie de m'ouvrir le lendemain. J'ai passé une nuit au frais et au petit matin il est venu avec un bon petit déjeuner et je suis repartie.

J'ai retrouvé ma vraie famille avec une joie intense...l'amour que j'étais allée chercher si loin, était ici, chez moi!

Au cours des derniers mois, il y avait eu beaucoup de mutations à l'Ambassade, mon Chef aussi était parti. La personne qui m'avait remplacé, elle aussi, partait….
Puis un jour, le Nouvel Ambassadeur est venu me voir dans mon petit bureau. On ne s'était jusqu'alors pas rencontré.

Avec diplomatie, il me proposa de reprendre mon poste avec les aménagements nécessaires.
J'étais interloquée…..je ne savais que répondre. Je lui demandai une semaine de réflexion.

Chez moi, je me suis mise à envisager comment faire, c'était tentant et j'en rêvais….mais nombreux étaient les obstacles, j'étais seule à les connaitre. Et puis serais-je assez forte pour me présenter ainsi…..de quelle façon m'accepterait-on dans ce milieu d'apparat?

Dans ma tête, j'ai essayé de voir tous les cas de figures, ce n'était réalisable qu'avec l'aide de la personne que j'accompagnais….mais pas partout.

Le délai terminé, j'allai voir l'Ambassadeur avec la liste des aménagements et stratagèmes à envisager.
Pour lui donner un avant goût, j'entrai dans son bureau sans mes cannes, (les laissant près de la porte) il n'y avait que deux-trois mètres jusqu'au fauteuil. Il s'est mis à rire et de suite: je vois que vous acceptez! J'en suis heureux!
 Cette langue si rare que vous possédez doit évoluer avec vous. Ce serait un sortilège de la laisser mourir!

Je lui remis ma liste, l'ayant regardée, il s'exclama: Eh bien! Nous verrons au cas par cas, je vous charge des aménagements…..vous ne manquez pas d'imagination à ce que je vois !

J'ai appris plus tard que l'on avait trouvé aucun Français interprète de Hongrois.

Quelque temps après, je reprenais mon poste……….

Une petite voix intérieure me disait que ce serait possible!

Les entretiens avaient souvent lieu à l'Ambassade, ce qui était le plus facile. Lorsqu'on se déplaçait vers une autorité hongroise......les gens se contenaient.....ils étaient surtout surpris que des capitalistes comme les Français soient aussi humains. Dans les Ambassades, c'était plus compliqué ...

Pour les soirées mondaines obligatoires, j'étais installée quand ces Messieurs-Dames arrivaient.....certaines dames étaient offusquées que j'ai la meilleure place....intérieurement je m'amusais bien.

Les rares fois où cela s'est vu, les gens ont cru que c'était momentané, sans plus.

Les hommes que je côtoyais avaient environ quinze- vingt ans de plus que moi, ils étaient donc protecteurs, tendres. Leurs épouses, elles, d'abord étonnées, étaient moins jalouses qu'avant.

Les problèmes étaient quasi résolus sauf pour les visites officielles, heureusement rares.

A la maison, tout était presque normal, nous avions des meubles à nous. Notre appartement était agréable, lumineux, avec une petite terrasse qui donnait sur une place avec beaucoup d'arbres.

Quel plaisir de se réveiller le matin par le chant des oiseaux.
Nous avions un théâtre à deux cents mètres, je pouvais y aller à pied. Nous y allions assez souvent avec mon fils...cela faisait partie de mes joies.
J'avais souvent la jeunesse à la maison, ils aimaient bien venir, nous avions des choses méconnues en Hongrie et notamment des disques. Mariskanéni venait un peu moins souvent, je ne voulais pas qu'elle se fatigue trop.

Tibike allait quelquefois chez sa grand'mère, pour un week-end ou quelques jours de vacances, j'ai toujours gardé de bons rapports avec les grands-parents.

 Nous partions souvent avec la voiture, et surtout nous allions une fois par an en France car il obtenait une autorisation de sortir. Je tenais beaucoup à ce qu'il connaisse son autre pays (il était Franco-hongrois). Nous sommes allés à Paris, à l'Atlantique, plusieurs fois.
Nous étions complices, on découvrait ensemble des tas de choses. Que de bons moments !
A l'Atlantique par exemple, les étoiles de mer, les oursins. Il voulait en ramener à ses copains. Nous les avions bien enveloppés, mais on ne savait pas... Quelques heures après, un nuage de grosses

mouches accompagnaient la voiture….nous avons bien ri! Et tout jeté avec regret!

Plus grand, Tibike allait chaque année dans un centre linguistique situé à Vichy pour perfectionner son français. Un jour, il s'est perdu dans le port de Marseille, m'ayant téléphoné avec sa dernière pièce de cinq francs, je le fis rechercher de Budapest - après des heures d'attente au téléphone- par la Police marseillaise…. Quelle frayeur….et surtout si loin….

Nous étions très proches, très soudés. Il était « l'homme de la maison ».

N'allez pas croire que j'avais fait vœu de chasteté, non…, j'ai eu des Amours dans ma vie.
Ils ont tous été: généreux...attentionnés…..drôles….aimants…
les séparations se sont faites en douceur, pour les divergences de la vie.
Nous sommes presque toujours restés en contact, l'amour s'était transformé en amitié, souvent profonde.
Aucun n'a vécu chez nous.

Une fois par an je me rendais à l'hôpital Cochin pour une consultation, il fallait surveiller l'évolution….

Lors d'un de mes séjours, un ami m'avait prêté la chambre d'étudiant de son fils, rue Saint Denis. Je ne connaissais pas bien Paris, j'étais très heureuse d'amoindrir mes frais. Le 5ème étage ne m'arrangeait pas, sans ascenseur, mais les efforts ne m'effrayaient pas.

Après mon installation, je trouvai la rue bizarre….sans plus. Mais un soir vers 20 heures, je réalisai en voyant ces jeunes femmes…au travail.

Etant donné que je ne marchais pas bien, je me reposais quelque fois sur une canne pendant quelques minutes, une fois, un immense jeune homme noir s'arrête près de moi et me demande : c'est combien ? Je le regarde… et lui dit: vous ne voyez pas que j'ai des cannes! Là-dessus, lui: et alors, elles t'empêchent de baiser? C'était le fou rire dans toute la rue…après les filles me souriaient toujours.

Avec mon fils, nos voyages se passaient toujours en voiture, on s'amusait bien. Mon fils grandissait, il était plus responsable que les garçons de son âge. Plus grand, il m'aidait beaucoup.

En Hongrie, de même que dans les autres pays de l'Est, nous ne pouvions prendre la même chambre. Un Hongrois et un(e) capitaliste ne pouvaient dormir sous le même toit – du moins officiellement. On prenait donc deux chambres, pour se retrouver ensuite dans la même. On était pris de fou rire, que de bons moments nous avons eu.

Il nous est arrivé la même chose avec mon amie Agi. Nous étions parties assez loin de Budapest et avions décidé de rester sur place et rentrer le lendemain. A la pension de famille où nous voulions dormir, ils ne nous ont pas donné de chambre disant qu'ils n'avaient jamais eu une telle situation une Française avec une Hongroise !

On leur a ri au nez, leur disant que les œillères étaient faites pour les chevaux…mais c'était le côté officiel de la province hongroise …pendant de longues années.

Un jour, lors d'un pique-nique avec Tibike, agréablement installés dans un champ plein de fleurs, je vois apparaître…
UN CHAR….puis un autre…pas la peine de dire la vitesse à laquelle on était dans la voiture………puis en route et à quelle allure !
C'était des chars soviétiques, la plupart du temps, ils étaient casernés sous terre…..

Il ne nous est heureusement rien arrivé, ils auraient pu tirer, d'autant plus que ma voiture avait une plaque spéciale « Ambassade ».
Quelle peur on a eu!

A priori on ne les voyait pas ; pourtant rares étaient les familles où il n'y avait pas un membre qui tout à coup ……disparaissait.
Les casernes hors terre n'étaient pas plus visibles que les autres, car non mentionnées sur les cartes, et tellement éloignées de tout que personne n'en avait connaissance. On racontait que les soldats soviétiques étaient très jeunes, souvent mineurs, ne sortaient pas de la caserne. Ils arrivaient par wagons fermés et des années durant, ils ne savaient pas où ils se trouvaient.

La surveillance existait toujours, même après tant d'années, subtile, presque invisible mais efficace !
Il s'est avéré des années après la chute du rideau de fer qu'un hôpital entier se trouvait sous Budapest avec un excellent fonctionnement.

Tibor me téléphonait quelquefois, m'informant toujours de ses débats matrimoniaux, il avait déjà deux fois changé de femme. Il aurait aimé que je lui donne mon avis, que je le conseille car il ne voulait plus se tromper……curieux, non ?

Et un jour nous avons appris que le Grand-père (Zsiga Bàcsi) s'était éteint en douceur. Cela lui ressemblait, lui qui n'aimait pas le bruit...nous sommes allés à l'enterrement. C'était bouleversant de simplicité ... Il nous a toujours manqué ...
Au niveau de mon travail, tout s'était stabilisé. Seules les visites officielles étaient difficiles. Les officiels hongrois - avec qui nous avions des échanges - ne se préoccupaient pas de mon état, c'était chose acquise. J'avais également la chance d'avoir un chef, humaniste, ouvert.....jamais la moindre remarque ou tension!

Linguistiquement, j'étais à l'aise et les gens m'appréciaient.

Je ne posais donc pratiquement plus de problèmes!

Le temps passait, mon fils avait bien grandi, il était devenu adolescent......Les affrontements étaient de plus en plus fréquents. Il revenait de l'école, révolté contre les capitalistes. L'endoctrinement reçu à l'école faisait son effet. La politique ne restait plus au seuil de notre porte.

Elle commençait à nous ronger comme un verre dans le fruit …

Pour un jeune, c'était une situation difficile, incompréhensible, douloureuse… qui croire? Il fréquentait une école hongroise qui lui inculquait les valeurs du communisme. Les tyrans étaient les capitalistes qui exploitaient les pauvres gens, et principalement: les Américains, les Anglais et les Français. Les repères n'étaient pas les mêmes à l'école qu'à la maison. Moi je m'efforçais de lui dire que quand il serait grand, il comprendrait mieux, je ne pouvais me positionner contre l'école.

Comment expliquer à son enfant, trop jeune, que dans la vie rien n'est tout blanc ou tout noir.

A sept ans, les enfants recevaient un petit foulard et un conditionnement pour devenir à quatorze ans pionnier.

La prudence était de rigueur, préserver l'institution enseignante tout comme mon employeur.

L'année de leurs quatorze ans, lors d'une cérémonie officielle, les jeunes devaient jurer un engagement à Lénine. On leur nouait ensuite un foulard rouge autour du cou. A partir de ce moment, ils devenaient pionnier du communisme. Ce qui signifiait qu'ils devaient participer à toute manifestation de propagande communiste et plus tard serait automatiquement membre du parti.

Il m'était arrivé maintes fois de penser à cela, mais j'avais toujours espéré que les choses changeraient, que le gouvernement deviendrait plus souple, surtout pour les double nationaux.

Je ne pouvais pas laisser mon enfant entrer dans ce système, je voulais qu'à sa majorité il ait la liberté de choisir son pays, sa vie.

Je ne pouvais pas l'envoyer étudier en France, n'ayant pas d'argent français…..et puis l'éloignement ….pas de famille….

Un seul établissement existait en Hongrie pouvant nous faire échapper à cet endoctrinement, c'était un lycée classique tenu par des frères piaristes (ordre enseignant hongrois). Cet établissement était toléré car il avait d'excellents résultats, mais ne recevait aucune subvention de l'Etat.

J'y suis allée pour me renseigner, le téléphone étant sur écoute. Le directeur me reçut, il n'était pas très enthousiaste….il craignait les ennuis avec les autorités, mais en sa qualité de prêtre, il voulait m'aider….il allait se renseigner. Il m'envoya un courrier en français, donnant son accord.

De mon coté, il fallait que je persuade mon fils, là encore Mariskanéni – qui n'aimait pas le système- m'a soutenu, expliquant elle-aussi à Tibike que c'était pour son bien et puis il rentrerait les week-ends, ou j'irais le voir !

Je n'avais pas d'autre issue pour le préserver, seule cette institution pouvait le faire !

Il est d'abord allé en colonie de vacances avec les frères, il s'est familiarisé, s'est fait des copains, et à la rentrée : il est parti…..

L'internat était on ne peut plus vétuste…..vingt jeunes par dortoir …..Pas de chauffage jusqu'au gel…..de l'eau chaude une fois par semaine…

La première année a été très difficile, pour tout le monde. La famille n'était pas d'accord, même Tibor se souvenait qu'il avait un fils et préférait les communistes aux curés.

On se voyait tous les week-ends avec Tibike. Le plus souvent, c'était moi qui y allait, j'apportais des vivres, des plats préparés à la maison, des fruits et les lundis j'envoyais un colis qu'il partageait avec ses copains.

Il m'en voulait, je le voyais dans ses yeux, il n'arrivait pas à comprendre que je ne pouvais pas faire autrement, que notre séparation m'était insupportable mais qu'il fallait que l'on se garde un peu de liberté pour l'avenir ! Puis avec le temps et les conseils que lui donnaient ses professeurs, le calme est revenu.

Moi de mon côté, après m'être culpabilisée, j'étais certaine que c'était la seule issue possible, qui de plus, apporterait enfin une « vie normale » de jeune garçon à mon fils qu'il n'avait pas toujours à mes côtés. Il tirerait profit de cette séparation …de cet enseignement…

Plus tard, il a dit ne pas regretter d'y être allé, malgré la vie dure qu'il y a menée.

Ma vie était bien structurée, je travaillais la journée, j'avais mes soirées mondaines, j'accompagnais également l'Ambassadeur et son épouse à l'Opéra, au Théâtre.
Et puis tous les quinze jours, j'allais danser avec Lucien, il m'apportait des choses que l'on ne trouvait toujours pas en Hongrie et notamment des médicaments.

Quel plaisir c'était de passer une soirée à danser, à s'évader, sans aucune contrainte ou explication quelconque, que de bien- être m'a offert cet homme, sans rien attendre en retour!

Ma situation était singulière, mais pas dramatique. J'avais des connaissances françaises dans des situations bien plus difficiles que la mienne. L'une d'entre elle, s'était mariée comme moi à un Hongrois en France et le jour du mariage, sans en connaître les conséquences, avait accepté d'acquérir la nationalité hongroise…..elle avait perdu automatiquement sa nationalité française. Ils étaient venus s'installer en Hongrie, elle n'avait jamais eu l'autorisation de retourner en France, ne serait-ce que quelques jours et ceci pendant trente ans...

Certains autres avaient leur famille coupée...comme les Allemands, une partie à l'est, l'autre à l'ouest. D'autres essayaient de fuir...s'ils étaient repris.....c'était la prison à vie...l'hôpital psychiatrique...la disparition...

Certaines collègues, dans la même situation que moi, étaient reparties, laissant derrière elles des enfants.....tous contacts étaient interdits.
Nous avions de la chance de pouvoir partir chaque année passer des vacances en France et mon fils restait quelques semaines de plus dans un centre international pour parfaire son français......notre situation, bien que particulière, était vivable......

Jusqu'à cet été 1977 où l'on me refusa l'obtention du passeport de mon fils. Je fis une nouvelle demande quelque temps après, refusée! Mon fils était entré dans la période où les jeunes gens étaient recensés pour le service militaire (entre seize et dix-huit ans. La double-nationalité n'existait plus après cette inscription.

Il restait peu de temps, il était entré dans sa quinzième année!

Un jour, je reçois une convocation du Bureau des Etrangers (milice hongroise Andràssy ùt). Je dois me présenter pendant mes heures de travail,
J'en informe l'Ambassadeur, qui me demande: vous avez vos documents en règle? Oui, Monsieur l'Ambassadeur, lui…..J'espère que cela ne sera pas grave!

Les services secrets

Ledit jour je me présente ……à cet endroit tant redouté de tous……Des policiers sur le trottoir…et puis des longs couloirs avec peu de lumière…..d'immenses portraits de Lénine et Staline aux murs…..c'est sinistre……..j'ai froid, j'ai peur…..

J'arrive devant le bureau où je dois me rendre, je frappe : entrez ! Un homme est assis derrière un bureau, c'est la pénombre, je ne le vois pas bien….. Je n'ose pas m'asseoir…
Après un long silence, il me dit : Camarade, nous connaissons toute votre vie, il me récite ma jeunesse, me décrit ma grand'mère, mon enfance, ma mère (la pute comme il dit), il connaît tout de moi, mes fréquentations, mes amis….Il tourne autour de moi en me débitant toute ma vie, il m'approche avec un air dégouté…vous avez une redevance envers notre pays qui vous a accueilli et permis de faire des études…vous nous devez tout…vous allez travailler pour nous, nous donner les renseignements…dont nous avons besoin, vous serez sous notre protection….sinon … votre cher petit que vous avez placé chez les curés…vous voulez en faire un curé?…..comme Votre Père……….. !

Votre fils ne sortira plus de Hongrie. Nous allons être en contact permanent, vous me sentirez toujours sur vos pas, Infirme que vous êtes ! Si vous parlez, vous le regretterai! A bientôt, Camarade !

Je repars vers l'Ambassade, je fais une halte avant d'y retourner car je tremble. Il faut que je me reprenne, que l'on ne s'aperçoive de rien.

Arrivée à l'Ambassade, quelle chance, l'Ambassadeur s'est absenté pour quelques heures. A son retour, il me demande: Alors, que voulaient-ils? Simples formalités, par rapport à mon fils. Il me regarde, rien de grave, alors? Non, Monsieur, l'Ambassadeur.
Je suis presque certaine qu'il avait compris!

Un cas similaire s'était produit avant moi. Après avoir été contactée par ce même service, elle s'était confiée à l'Ambassadeur qui l'a fait quitter la Hongrie dans les quarante-huit heures, laissant derrière elle son mari hongrois et son fils. Elle ne pouvait plus revenir, et eux ne pouvaient plus sortir!
Il ne fallait surtout pas que l'Ambassadeur ait la moindre suspicion.
Tout tourbillonnait dans ma tête, ce type m'avait donné tant d'éléments précis de ma vie, certains n'étaient connus de personne. Etait-il allé chez la grand'mère, et mon père curé.... c'était donc mon

père…il était toujours là, je n'y avais jamais pensé…..et pourtant …il m'avait souvent aidé …

J'avais peur de tout le monde, de ceux que j'aimais, de ceux qui m'entouraient …Qui m'avait vendue …trahie…..en qui pouvais-je encore faire confiance? C'était horrible, je soupçonnais tout le monde, même Mariskanéni.

J'étais seule avec mon fils et mes cannes!

Il fallait que je trouve un moyen de m'en sortir….

Je décidai que pour gagner du temps, me protéger, mon état de santé allait s'aggraver.
Les services diplomatiques de l'Ambassade se trouvaient à l'étage, je ne pourrais plus y monter…..Je ne pourrais non plus accompagner l'Ambassadeur pour certains entretiens……ainsi je n'aurais aucune information à communiquer.
Le harcèlement de cet homme était constant….nuit et jour…les menaces…..
Il était fréquemment sur mon chemin. Il avait des yeux très clairs, sadiques. Il était cynique, froid .Il avait dû faire beaucoup de mal dans sa vie.
Chaque rencontre avec cet homme était plus odieuse, il savait mieux que moi ce que je faisais, il me narguait, m'épuisait, m'effrayait.

Mes nuits étaient tourmentées, le téléphone sonnait souvent….c'était lui… j'étais fatiguée, nerveusement atteinte, une peur constante. J'avais l'impression d'être suivie, épiée. Je faiblissais, ne voulais plus voir personne. Je m'enfermais avec cette situation épouvantable.

Je ne faisais plus ma gymnastique si bien que mon état s'aggravait vraiment, ma jambe me lâchait. Je tombais de plus en plus, et puis moralement j'allais mal. J'avais tellement peur pour mon fils!
 A mon lieu de travail, je n'allais plus à l'étage, cela ennuyait tout le monde. Un jour j'arrivai la dernière à un entretien, il pleuvait, je poussai la porte très lourde de toutes mes forces, je dévalai sur le ventre toute la longueur du hall et arrivai aux pieds des personnalités ………Silence absolu ……entrée inoubliable.
 Après l'incident, l'Ambassadeur me dit: vous devriez consulter l'Hôpital Cochin, votre état s'aggrave de jour en jour. Vous ne pouvez continuer ainsi.
Mon tortionnaire, le savait le jour même. Au téléphone il me dit : ne jouez pas avec mes nerfs, ne faites pas trop de numéros, l'artiste, moi, vous ne me roulerez pas comme l'Ambassadeur !
Je partis au printemps 1978 pour l'hôpital Cochin. Après avoir passé de nombreux examens et

radios, le Professeur me dit que je ne pourrais plus marcher longtemps dans cet état.

Il faudrait tenter la pose d'une prothèse totale de hanche. C'était les débuts de cette prothèse, de plus, j'avais eu une infection osseuse importante et je n'avais que trente trois ans.

Les risques de rejet étaient très importants, il ne connaissait aucun cas semblable, il pouvait tenter cette opération à titre expérimental. Je devrai avant l'opération signer une décharge: 5% de chance de réussite.

J'accepte cette opération…parce que je suis persuadée de pouvoir sortir mon fils pour l'opération…..la date est fixée au 11 janvier 1979.

D'ici là me dit le Professeur, je me rendrai à de nombreux congrès, colloques, j'aurai des informations de mes confrères américains, si j'ai du nouveau, je vous écrirai. Essayez de vous ménager !

De retour à Budapest, je ne fais part de cette décision qu'à l'Ambassadeur, qui me dit: et votre fils? Ma réponse: je veux qu'il soit à mes côtés pour l'opération, vous savez que je n'ai pas de famille!

Pour tous ceux qui m'entouraient, rien n'avait changé, les médecins n'osaient pas tenter d'opération pour le moment.

Il me restait huit mois à tenir, à subir ma diminution et surtout à continuer à affronter ce type infâme.

J'ai construit dans ma tête toutes les possibilités de pouvoir sortir mon enfant…mais tout était tellement risqué !

Un jour, Lucien arrive, nous dînons ensemble (je ne pouvais plus danser), et à lui je révèle mon secret. Je lui raconte que je ne peux plus sortir mon fils du pays……sans plus… et que je dois me faire opérer. Là-dessus, il me répond : si vous n'obtenez pas les papiers nécessaires, je le sortirai dans mon camion frigorifique, avec la viande, n'ayez crainte, je le ferai…..Evidemment que cela m'effraye, mais c'est une nouvelle ouverture…..

Après cette conversation, je passe deux-trois nuits paisibles, cela ne m'arrive plus …

Le harcèlement continue…je tiens bon, je tombe de moi-même pour ne pas faire ce qu'il me demande…..il est de plus en plus nerveux…il me fait peur…..

Les quelques personnes que je vois encore (Mariskanéni, Agi) disent ne plus me reconnaître, je mets cela sur mon état de santé, mais je ne peux m'empêcher de les suspecter.

C'est affreux….je suis traquée….je me sens comme une bête blessée, abandonnée…jetée en pâture.

Il m'arrive de rêver d'être à l'hôpital, tranquille, avec pour seul souci, ma santé. Heureusement mon fils ne se doute de rien, n'étant pas souvent à la maison, il ne voit pas tout, il sait seulement que ma jambe va moins bien ; et puis quand nous sommes ensemble, je réunis toutes mes forces pour être gaie.

A l'Ambassade, c'est compliqué, j'ai repris mon petit bureau du rez-de-chaussée, je fais plus de traductions que d'interprétations.

Pour les entretiens officiels, un bureau est installé en bas. A l'extérieur, c'est selon….et si je ne peux pas ou (ne veux pas), on demande un interprète hongrois à l'organisme où l'on se rend.

Je vois que l'Ambassadeur est embarrassé par cette situation, mais il n'en dit rien.

Un jour, il vient me voir avec un courrier important. Le Quai d'Orsay nous annonce la visite officielle de notre Premier ministre me dit-il. Il restera cinq jours.

Je souhaiterais, dans la mesure du possible que vous soyez l'interprète…avec des aménagements, des congés avant sa venue.

Réfléchissez si votre état de santé le permet et comment? Il me donne l'emploi du temps.

Je le consulte et évalue tout cela, et surtout je refais de la gym…il faut que j'y arrive!

Je me documente sur les précédentes visites de Premier ministre. Celui ci est toujours l'invité d'honneur du pays qui le reçoit, mais nombreuses sont les manifestations effectuées avec l'Ambassadeur. Pour ces visites de haut niveau, chaque partie souhaite avoir son interprète attitré.

C'est le Gouvernement du pays d'accueil qui organise le programme.

Nous l'avons reçu, il est chargé…..il y a même un voyage prévu dans la puszta (plaine hongroise) connue pour ses chevaux en liberté et son foie gras.

Je continue à prospecter pour connaître les us et coutumes de ces visites. Lorsque je découvre que des dossiers humanitaires peuvent être échangés lors de telles visites.

Immédiatement un souffle d'espoir m'envahit!

Il reste 2 mois avant cette visite.

Je dois persuader l'Ambassadeur de donner la priorité au dossier de mon fils pour qu'il obtienne un passeport afin de m'accompagner pour mon opération !

Je commençai à réunir les papiers nécessaires pour le dossier……je craignais la réaction de mon supérieur…..et puis il y avait sans doute des cas plus difficiles que le mien…..

Mariskanéni revenait plus souvent pour m'aider, je n'y arrivais plus seule. Je ne lui parlais de rien, j'en avais honte….j'aurais tellement aimé lui raconter tout ce qui n'allait pas……peut être qu'un jour je pourrai le faire…..

Je partis quelques jours près de mon fils, il fallait que je me repose, que je fasse le vide. Les moments passés ensemble étaient réconfortants, drôles, ils étaient extraordinaires car éphémères… Les prêtres me recevaient avec gentillesse et prévenance.

Lors de ce séjour, ils m'ont invité à prendre le dîner avec eux et m'ont fait visiter leur cave à vin. Ils ont ensuite chanté des chants grégoriens, dans cette cave voutée datant de plusieurs siècles, les frissons et les larmes furent au rendez-vous.

Je les ai averti du départ de mon fils, une place lui serait réservée jusqu'à notre retour, ils prieraient pour nous.

De retour chez moi, ma vie a repris et ses désagréments. Les épouvantables coups de fil, les pneus de ma voiture crevés, les insultes car je ne l'avais pas averti de mon absence, ni où j'étais allée…..

J'avais repris des forces ….j'allais pouvoir reprendre mon combat.

Les semaines défilèrent, cela me paraissait court et long à la fois. Les préparatifs étaient fastidieux, toute l'Ambassade était sur les nerfs, tout était quasi millimétrés ……Je crois que si j'avais été en bon état, j'aurais aimé cette effervescence. Je me préparais moi-aussi mais avec d'autres priorités.

Il restait trois jours avant la visite officielle.Mon dossier était complet. Je croise l'Ambassadeur et lui demande s'il a un peu de temps à me consacrer….vous ne me lâchez pas, j'espère? Venez dans une demi-heure.

J'arrive avec mon dossier si cher à mon cœur…. Il me demande si je suis en forme, j'acquiesce….il paraît soulagé!

Je lui explique ma requête, il fronce les sourcils, prend le dossier, l'examine, me regarde et puis: vous avez du cran!

Votre dossier sera prioritaire….je ferai tout pour qu'il soit accepté!

La visite officielle se passa bien, ma jambe a tenu, moi-aussi….

J'étais impatiente de voir repartir tout ce beau monde!

  Le lendemain, mon supérieur passa me voir et me proposa une promenade.

C'est l'une des plus belles de ma vie, le dossier avait été retenu. Les autorités hongroises promettaient la délivrance d'un passeport pour mon fils! Je n'ai pas osé, mais j'aurais aimé sauté au cou de l'Ambassadeur!

Il m'a précisé qu'en l'état, et jusqu'à réception du passeport, personne ne devait être mis au courant !
Imaginez ma joie! Et cela pour moi toute seule!

Mon tortionnaire ne paraissait pas au courant de la décision, les semaines passaient et il me traquait toujours autant, je ne savais pas quoi penser, je craignais un revirement de situation…..j'étais inquiète ….je n'arrivais plus à me reposer……
L'attente fut longue…une éternité…
Et un jour, un courrier recommandé arrive à l'Ambassade…..L'enveloppe est épaisse…

C'est le PASSEPORT!!

J'avertis aussitôt mon supérieur, presque aussi content que moi……il me met toutefois en garde……pas d'effervescence….des passeports ont déjà été repris à la frontière au moment de sortir
Au fil des jours, j'organise notre départ : pour tous, j'allais me faire opérer et mon fils étant ma seule famille, viendrait avec moi et resterait près de moi jusqu'à mon rétablissement.
Personne ne connaissait les risques de l'opération et surtout pas mon fils!

Le service social du Ministère avait trouvé une famille d'accueil à Paris.
En décembre, nous sommes allés dire au revoir à la grand'mère, puis Tibor est venu ….puis les amis. Il ne fallait surtout pas craquer et surtout qu'ils croient tous en notre retour. Avant les pleurs…..je leur disais que je reviendrais bientôt….en courant…Tibike était presque détaché…il ne savait pas tout !
Autour de Noël, j'ai été invitée seule à la Résidence de l'Ambassadeur, nous avons longuement parlé. J'avais encore besoin de lui et je voulais m'expliquer pour la suite.
Si l'opération était un échec, selon mon état, je désirais revenir en Hongrie et reprendre un poste à l'Ambassade, quel qu'il soit.
En cas de réussite, je lui demandais d'intervenir en ma faveur afin d'obtenir un contrat qui ne serait plus local – difficile à obtenir – qui me permettrait de postuler un autre poste. Dans les deux cas de figure, mon fils ne rentrerait pas en Hongrie avant d'avoir fait son service militaire en France.
Partez tranquille me dit l'Ambassadeur ému, nous serons en contact téléphonique et une assistante sociale du ministère s'occupera de vous et des démarches nécessaires.

Nous avons dit au revoir à Mariskanéni le 31 décembre…..c'était trop triste….trop injuste…

Pour la Saint Sylvestre, quelques amis sont venus pour dire au revoir. Mon fils lui, était avec des copains et copines…

Vers la FRANCE

Le 1er janvier 1979 au matin, nous sommes partis avec une collègue qui rentrait dans sa famille. Un tapis blanc recouvrait la ville, en traversant le Danube, sur le Pont Lànchid, là où le panorama sur Budapest est le plus beau, nous nous sommes regardés, mon fils et moi, c'était bien que la collègue soit là, nous n'avons pas pleuré.
Et puis trois heures de route au moins jusqu'à la frontière. Il n'y avait pas d'autoroute et les conditions étaient difficiles avec les vélos sans lumière, les charrettes de toute sorte, les quelques voitures roulaient à trente, les gens sur la route. Je grelottais dans la voiture, ça paraissait si long...

Et voilà, la frontière est là....devant nous... au loin les miradors, près de la barrière fermée, les policiers avec les mitraillettes et des chiens.
On s'arrête, on doit descendre de la voiture. Un policier prend nos papiers et se dirige vers un bureau. Les autres commencent à fouiller la voiture, les bagages, nous......On attend....c'est long...........il fait froid......il neige........

Puis ils reviennent et nous rendent les passeports, la barrière s'ouvre:

ON EST LIBRE !!!
Intérieurement je hurle ma joie!
Une tempête de neige nous accompagne, la route est dangereuse, je me laisse pourtant bercer par ce magnifique paysage qui purifie ma tête, mes soucis disparaissent peu à peu. J'ai l'impression de me réveiller après un rêve atroce….c'est une émotion difficile à décrire…

Nous allons séjourner deux-trois jours en Autriche chez d'anciens collègues. Ils habitent dans la banlieue de Vienne, une maison très agréable. Ils ont des enfants de l'âge du mien.
Moi, je passe mon temps devant la cheminée, le feu me tient compagnie. J'ai grand besoin de solitude, de réflexion.
Les autres sont dans la neige, ils font de la luge, j'entends leurs cris de joie….je suis soulagée …mais lasse….
Nous reprenons la route et passons quelques jours chez les parents de Nicole. C'est la France, mon pays…..comme il y fait bon vivre! Notre petit séjour est paisible, sympathique. Mon fils est curieux de tout, il y en a des choses qu'il n'a pas encore vues……la télé en couleur, les voitures, les motos…..il a l'air bien, on se croirait en vacances

mais il fallait repartir direction Paris – l'hôpital Cochin, la famille d'accueil………d'autres batailles.

Le voyage vers Paris devenait tendu, Nicole essayait d'être gaie, mais sans succès, le cœur n'y était pas…..

Arrivés à Paris, nous nous rendons dans la famille d'accueil où mon fils allait vivre le temps qu'il faudrait.
Je les connaissais, le chef de famille avait été un de mes supérieurs à Budapest, quelques années auparavant.
C'était une grande famille française….ils étaient aristocrates, catholiques pratiquants. Ils habitaient un immense appartement sur deux étages situé dans le septième arrondissement. On se serait cru dans un musée, pas dans une famille : les meubles, les tableaux, les tapis, l'argenterie devaient avoir une valeur inestimable. Le personnel en habit portait des gants blancs. Avant de prendre les repas, il était coutume de prier debout. Deux enfants étaient universitaires, les deux autres étaient plus jeunes que mon fils.
Ce monde était tellement éloigné de nous, de celui que connaissait mon fils…ce monde

hongrois simple et chaleureux. Mon fils était très impressionné. La situation s'annonçait difficile.

    Je rentre à Cochin trois jours avant l'opération, comme prévu. L'hiver était très rude cette année là, il y avait eu plus d'accidents qu'à l'ordinaire, si bien que je me suis retrouvée avec un lit dans un couloir car il n'y avait plus de chambre ! Le sang manquait aussi… allait-t-on pouvoir m'opérer?
    Les préparatifs en vue de l'opération ont commencé et j'ai signé la décharge: 5% de chance de réussite!

La veille de l'opération, Madame de la F…est venue avec mon fils que j'ai rassuré lui disant que tout se passerait bien ….mais sa situation était affreuse, tout comme la mienne !
Le lendemain de l'opération, le Professeur Postel est venu à mon chevet : l'opération s'était bien passée, mais il fallait attendre six semaines avant de pouvoir me lever. Ce n'est qu'à ce moment là qu'il pourrait me dire la suite. J'allais être sous antibiotiques à forte dose pendant deux ans.
Les journées étaient interminables, je n'avais pas de visite. Mon fils venait le mercredi, samedi et dimanche. J'avais donné mon accord à la famille pour qu'il vienne seul, j'étais inquiète car il ne

connaissait pas Paris, mais il me l'avait demandé et se débrouillait très bien en métro.

Il voulait que l'on soit seul (moi aussi d'ailleurs), c'était nos petits moments intimes…..A chaque visite, je voyais combien il souffrait – pour moi, par cette situation- la famille l'avait bien accueilli, mais lui avait beaucoup de mal à s'adapter.

Au lycée non plus ça ne se passait pas bien, il était difficile de trouver une classe correspondant à son niveau. Il avait toujours été scolarisé dans un système d'enseignement hongrois, sans parler des énormes lacunes en français, ce qui ne facilitait en rien son intégration.

Nous parlions en hongrois, personne ne comprenait. Nous n'avons pas perdu cette langue bizarre pour ceux qui nous entourent.

Elle est restée jusqu'à ce jour notre langue de complicité « notre île, notre refuge ».

Souvent, il n'avait pas envie de repartir, il me demandait s'il ne pouvait pas rester à l'hôpital.

J'essayais de le calmer, en ce qui concerne ma guérison, je lui assurais que tout allait bien…..je ne pouvais faire plus……de là où j'étais.

La vie à l'hôpital était sensiblement la même qu'à Budapest, sauf les visites – je n'en avais pas- et puis le personnel était plus distant. C'était normal, j'étais une malade comme les autres.

Je recevais de temps en temps des coups de fil de l'Ambassade…cela me faisait du bien et des courriers des amis et de la famille, pour eux le téléphone de Hongrie était inabordable.

Les trois dernières semaines ont été plus agréables car j'avais une voisine de chambre Jeannette avec laquelle une belle complicité s'était installée. Son mari et sa fille venaient lui rendre visite chaque jour, je les chargeais de me faire quelques courses - journaux, chocolat et même une pâtisserie de temps en temps – j'étais gâtée et me sentais moins seule. Nous sommes restées en contact pendant de longues années.

J'ai repassé de nombreux examens et un jour en fin de journée, le Professeur Postel est venu, il m'a demandé de me découvrir et m'a mesuré les jambes : les huit cm de différence avaient disparus…la prothèse n'avait pas bougé…..on pouvait commencer la rééducation. Je lui demandai si je pourrais remarcher, il répondit : en principe oui, mais il vous faudra beaucoup d'efforts accompagnés de prudence et surtout de patience !

Mon cœur battait si fort….je n'ai rien pu dire, j'étais abasourdie!

Le lendemain, deux infirmières m'ont levé et je faisais mes premiers pas avec des béquilles.

Tibike était si heureux….il riait sans arrêt…disait des bêtises….me taquinait. Que c'était bon!
Le mari de Jeannette est arrivé avec du champagne, verres et amuse-bouches pour fêter la bonne nouvelle. Nous avons bien ri, quel beau souvenir…. Le merveilleux breuvage a eu pour effet que toutes les deux nous nous sommes endormies sans même nous apercevoir du départ de nos invités. On riait encore le lendemain et quelques jours plus tard, Jeannette rentrait chez elle et je partais au centre de rééducation de Valenton (Région parisienne).

A l'époque, ce centre était très performant et traitait essentiellement les accidentés de la route.
Arrivée au centre, il m'a paru immense, avec piscine et grand jardin. C'était un endroit agréable, lumineux (surtout après l'hôpital), et avec beaucoup plus de vie.

Nous étions deux par chambres, il y régnait une bonne ambiance. Les kinés étaient gentils mais persuasifs, les patients plutôt jeunes….certains avec de lourds handicaps.

Les journées étaient fatigantes, piscine le matin, déjeuner, repos, puis tout ce qui existait pour se remuscler, se réhabiliter. On était si fatigué les soirs que l'on tombait au lit aussitôt le dîner terminé.

Le seul inconvénient, c'était les visites. Mon fils ne pouvait venir que le week-end, mais il pouvait

loger sur place. C'était long en semaine, surtout pour lui.
Au cours des semaines, je faisais de grands progrès, mais l'on ne peut s'imaginer, après neuf années passées avec des cannes, combien il est difficile de fonctionner normalement.

Mon fils se plaignait de plus en plus, il ne s'intégrait pas, ni au lycée, ni dans la famille d'accueil. Madame de la F... m'avait téléphoné et elle aussi trouvait la situation trop délicate, si mon fils n'allait pas mieux, elle avertirait l'assistante sociale.

J'avais un ancien collègue (Titi) et sa famille qui était rentré à Metz, mon fils pourrait rester chez eux le temps qu'il faudrait. Il existait à Metz un lycée qui voulait bien l'accepter malgré les difficultés de niveau et d'adaptation.

Je me suis donc débrouillée pour trouver un centre de rééducation dans la même ville pour ma sortie de Valenton. Je pourrais ainsi être près de Tibike quelques semaines de plus.
Après trois semaines passées à Valenton, je retournai à Cochin pour des examens. La prothèse n'avait pas bougé!

C'était gagné!

J'ai immédiatement averti l'Ambassadeur qui m'a informé que le Ministère avait été tenu au courant de ma situation......qu'il espérait obtenir un changement de contrat. Je devais faire une demande de mutation qu'il appuierait.
J'allais être obligée de parler à mon fils....si vous saviez ce que j'avais peur.....je lui avais menti et j'avais décidé ce départ de Hongrie sans son accord.....comment lui faire comprendre ! Qu'allait être sa réaction? Je remettais cette conversation de visite en visite....

J'en arrivai à lui parler de la famille à Metz....il fut soulagé....je n'osai aborder la suite!
Il se sentirait certainement plus à l'aise chez Titi qu'il connaissait déjà. Ce serait une vie plus proche de la nôtre, pour le reste, il fallait trouver le bon moment!

A ma sortie de Valenton, je marchais avec une canne, les autres étaient satisfaits, moi pas....je ne progressais pas assez vite à mon goût !
L'accueil à Metz chez Titi a été sympathique, simple. Nous avons passé le week-end ensemble.
Le lundi j'entrais dans ce nouveau centre pour six nouvelles semaines et Tibike, dans son nouveau lycée.

C'était moins beau que Valenton, mais plus amical, tout le monde se tutoyait et il n'y avait pas de grands handicapés.C'était une rééducation plus courante.
Je fus confiée à un jeune kiné, Jean-Claude qui examina mon dossier. Eh bien, tu ne fais pas les choses à moitié, toi! Je veux qu'à ta sortie les gars te sifflent dans la rue pour ta démarche féline! Allez, on a du travail!
Tibike se plaisait mieux, il pouvait venir tous les jours et je pouvais sortir les week-ends et cela se passait un peu mieux à l'école.
Comment s'intégrer dans un système méconnu et sans foyer et puis en voyait -il la nécessité, ne sachant pas que c'était définitif !

Un week-end, nous sommes partis en voiture. J'en avais loué une, il fallait que je sache si je pouvais conduire ! Tout se passait bien, je décidai ainsi d'aller rendre visite à Mémère, nous n'étions qu'à quatre-vingts km.
Elle semblait contente de nous voir. Elle n'avait pas grand-chose à manger, j'en ai profité pour demander à mon fils de faire quelques courses, les magasins n'étaient pas loin.
A brûle pour point, je lui ai dit que je savais que le curé était mon père. Je m'attendais à ce qu'elle ne réponde pas ou soit fâchée.....il n'en fût rien.
Elle me regarda et puis: maintenant qu'il est parti..... quelle importance... oui, c'était lui!

En quelques instants, j'avais la confirmation que le curé que j'avais côtoyé pendant des années était mon père mais qu'il m'avait quitté avant que je le vois en tant que père !

C'est là que je compris la raison pour laquelle il avait refusé de me marier à l'église, j'en avais été triste pendant tant d' années.

J'entendais encore ses paroles : je ne peux pas te marier, il faut que tu t'adresses à un autre prêtre. J'avais cru que c'était à cause de Tibor…quel dommage… son Bon Dieu me l'avait enlevé avant même que je puisse lui parler…..Injuste destin !

Après ces émotions, nous sommes repartis sur Metz.

Le lendemain, je me sentis le courage de parler à mon fils. Je lui expliquai tout, tous les détails et procédures, les services secrets… la peur de ne plus pouvoir le sortir.

Si je n'avais pas pris cette décision, j'aurais dû trahir un de mes deux pays, ce qui était au dessus de mes forces…….

En principe, avec le passeport qu'il avait obtenu il pouvait séjourner trente jours en Hongrie. C'était risqué car en Hongrie il était Hongrois et si les autorités lui retiraient ce passeport contre une carte d'identité, il ne pourrait plus ressortir. Plus tard… après sa majorité s'il voulait …il irait….

Je l'ai prié du fond du cœur de rester en France le temps que j'obtienne une mutation et ensuite je viendrais le chercher pour aller vers une nouvelle vie.

Il s'est révolté, a hurlé, m'a détestée…………

Puis nous avons pleuré dans les bras l'un de l'autre….et après mille questions, il a accepté.
Désormais, il fallait que je progresse rapidement, je faisais tous les efforts possibles, mais je n'arrivais toujours pas à marcher sans canne et sans boiter !
Un matin, Jean-Claude m'attrape ….il est furieux! Tu dois te concentrer, me hurle-t-il! Tout fonctionne normalement, pourtant tu boites! C'est dans ta tête ….que ça ne marche pas! Désormais, tu auras une bassine d'eau sur la tête et comme les Africaines tu vas marcher avec un port altier – sinon la bassine tombe – et tu prends la douche !
Cela parait très drôle…..mais en réalité…
Certains jours, je prenais vingt douches, je ne raconterai pas le fou rire des autres…..et puis se changer à toute allure…pas facile…je l'ai détesté, Jean-Claude!
Jour après jour, j'apprenais à me concentrer sur la

marche mais si quelqu'un venait à me parler ou à la moindre défaillance…….clac…. la bassine !

Cela a duré…..et duré encore, j'avais peur de voir arrivé le matin… et puis lentement je marchais, mais il y avait encore les escaliers, et enfin ….la traversée d'une rue !

J'en ai traversé des rues avec mon fils les week-ends, monter et descendre des escaliers, et les tapis roulants…combien il était patient avec moi! Marcher…sans Rien…..c'était magique!

Mais je n'avais pas encore de spontanéité, mais constamment la peur au ventre, je l'ai eue très longtemps…….l'ai-je d'ailleurs perdu pour traverser une rue ?

Longtemps après, je déambule dans une rue de Metz, un motard me siffle puis klaxonne. Je sursaute, il passe à toute allure….levant un pouce. Sacré Jean-Claude! Nous nous en sommes bien tirés …tous les deux ………… Merci à toi!

C'est à Orly que j'ai dit au revoir à mon enfant. Je partais…Il restait….

J'ai toujours en moi l'image entrevue à la sauvette au travers d'une baie vitrée de l'aéroport……………
Lui, ne me voyait pas…

Mon cœur de mère était brisé!

Dans l'avion même la ceinture m'est insupportable!
  A Budapest, un petit comité d'accueil de l'Ambassade m'attendait. Nous sommes passés au bureau, tout le monde me félicitait pour ma guérison….mais les silences étaient là………pesants….
J'ai repris mon travail, tout était tellement plus simple sans mes cannes. Mais je n'arrivais pas à m'en réjuir.
Les soirées mondaines m'agaçaient, tout me paraissait tellement futile! Même Budapest n'avait plus la même dimension, sa beauté était amoindrie, elle avait perdu son cachet…elle me paraissait terne !
Je ne pensais qu'à ma mutation et retrouver mon fils! Combien de temps faudrait-il attendre?
Lentement j'ai dû annoncer mon retour à la famille et aux amis….

J'ai d'abord rendu visite à Mariskanéni et l'ai invitée au restaurant pour que l'on puisse parler librement. Je lui ai dit que Tibike était resté en France et que j'allais être mutée dans un autre pays – que je ne pouvais en dire davantage – elle a cru que cette décision était prise par mon employeur et lâchement je n'ai pas démenti.

Je comprends, a-t-elle dit, ils t'ont gardé ici car tu ne pouvais partir ailleurs avec tes cannes, mais maintenant, tu vas commencer une nouvelle vie. » Et puis c'est bien pour vous deux, vous avez beaucoup plus d'avenir en occident qu'ici…..après tout, tu es Française….vous reviendrez en vacances ici ».
Ne te presse pas pour annoncer cette nouvelle à Tibor et la Grand'mère……ils vont t'en vouloir !
Elle m'a entouré de ces bras me chuchotant que je méritais une autre vie! Son assentiment m'a redonné courage.

Plus tard, lorsqu'elle est venue me rendre visite dans mon nouveau poste, je lui ai tout raconté…elle n'a pas été vraiment étonnée!

Puis ce fut le tour d'Agi! Elle, a explosé de joie: c'est formidable! Maintenant que tu remarques, une nouvelle vie t'attend, la liberté et celle de penser, et le petit, il pourra choisir son avenir. Ici, nous sommes tous amputés!

Nombreux de mes amis ont réagi de la même façon, certains autres, se sont retirés car j'avais préféré pour mon fils le monde occidental ! Pour moi, ce n'était que la liberté de choisir!
Je parlais à mon fils deux fois par semaine, il ne se plaignait pas mais sa voix était triste, trop calme. Chaque foi, c'était :

Et la mutation ? Toujours rien...puis c'était le silence.

Titi me donnait des nouvelles, il trouvait Tibike renfermé. Après chaque coup de fil, j'avais des heures de révolte...et cette culpabilité qui m'envahissait ...   avais-je pris la bonne décision ?

Début juillet, le courrier tant attendu arriva: ma mutation! On me proposait Brazzaville/Congo ou Düsseldorf/Allemagne fédérale.
 Je remis le jour même mon accord à l'Ambassadeur pour Düsseldorf. Je devais prendre mes fonctions début septembre.
J'appris la nouvelle à mon fils qui me dit: » ça va, ce n'est pas trop loin de Budapest «.
J'étais heureuse, encore quelques semaines et nous serions ensemble !
   C'est à ce moment là que j'ai prévenu la famille, Mariskanéni ne les avaient pas tenu au courant. Ce fut très difficile, nous avons eu des mots...je

comprenais leur douleur mais je ne pouvais leur dévoiler toute la vérité. Je leur ai promis que dès que Tibike aurait atteint sa majorité, il reviendrait pour les vacances. C'était triste, ils étaient persuadés que je les avais trahis. Ils m'en voulaient !

Mon fils me manquait tant, et puis ce malaise, cette impression omniprésente de tromperie…..le bonheur de remarcher, d'être à nouveau une jeune femme féminine….s'effaçait face à cette fuite en avant…..retrouver mon fils !
Je préparais mon déménagement: ce n'était pas simple avec mon statut, je ne pouvais pas sortir de mobilier. J'avais tout acheté à Budapest chez des brocanteurs et antiquaires. Certains de mes effets devaient rester en Hongrie. Même une plante verte achetée en Hongrie ne pouvait sortir du territoire. La terre hongroise appartenait à la Hongrie!
J'essayais donc de vendre un maximum de choses mais le temps me manquait. De plus, n'ayant pas de gros moyens, je ne pouvais pas faire appel à un déménageur, tout serait transporté par voie ferrée. Je craignais que les affaires n'arrivent jamais!
Je donnai à Mariskanéni tout ce qui lui manquait, ainsi qu'à mes amis fidèles.

Mon refuge se vide, les murs sont de plus en plus blancs, le silence fait mal, tout disparaît peu à peu.
Décrire l'émotion qui me torture est impossible, je ne peux même pas crier ma douleur…………c'est moi qui en avait décidé ainsi !

J'allais laisser derrière moi tout ce que j'avais construit, aimé. Il me fallait quitter ce pays dur et doux qui m'avait tout donné. J'en étais ébranlée car au fond, je ne voulais pas vraiment….partir…
Et puis l'inconnu vers lequel je me dirigeais, me faisait peur, je ne connaissais personne en Allemagne, je ne parlais pas la langue…..

Je me rendis seule à l'aéroport, les adieux auraient été insupportables!

Les Retrouvailles

L'avion qui m'emmenait vers Orly, allait me déposer dans un autre monde que je ne connaissais pas vraiment.
A mon arrivée, mon fils m'attendait. Quel bonheur de se retrouver, de se voir, de se toucher, de se parler librement.
Il avait changé en trois mois, c'était « presque » un homme. Il était séduisant, avec ce charme des gens de l'est….et cette moustache que je ne connaissais pas encore!
C'était magnifique, il avait dix-sept ans et moi trente quatre.
Nous sommes tout de suite partis pour Metz où nous avons passé quelques jours ensemble. Ce fut

bon de retrouver des connaissances, de parler un peu….personne n'évoqua la Hongrie.

Nous avons repris la route pour nous rendre à Düsseldorf où nous irions dans un petit hôtel qui était réservé, dans le quartier du Consulat Général où j'allais travailler.

Un Consulat Général a pratiquement le même rôle qu'une préfecture. Tous les services sont administratifs, pratiquement pas de contacts diplomatiques.

A Düsseldorf, à l'époque, nous assurions l'administration de vingt-milles Français.

A notre arrivée à Düsseldorf, la pluie nous accueillait.

A l'hôtel, je me procurai un plan de la ville….ce n'était pas aussi facile qu'aujourd'hui. S'orienter dans une ville inconnue n'était pas toujours aisé.

Le lendemain, j'allai me présenter au Consul Général qui me reçut cordialement mais fut déçu que je ne parle pas l'allemand et embarrassé par ma situation de famille – femme divorcée avec enfant. Je serais la seule de son équipe.

Il me présenta mes nouveaux collègues et me précisa mes fonctions. Il m'informa que des cours d'allemand existaient au sein du Consulat après les heures de bureau pour ceux qui souhaitaient

parfaire leur allemand. Je pourrais bénéficier de cours de débutant.
Je lui demandai comment procéder pour trouver rapidement un appartement, je ne pouvais séjourner longtemps à l'hôtel.

Par chance, une de mes supérieures venait d'arriver, elle aussi cherchait à se loger. Elle m'a bien aidé, elle parlait la langue, en une semaine, j'avais un appartement dans lequel je pouvais emménager pratiquement de suite.
C'était un appartement dans un petit immeuble situé un peu à l'extérieur de la ville, dans la verdure, avec deux chambres et le confort. Avec deux matelas et des effets de nécessité, nous pourrions camper jusqu'à l'arrivée du déménagement.
Nous avons fait connaissance avec la ville, il n'avait pas arrêté de pleuvoir, je ne le croyais pas possible!

Düsseldorf est une belle ville riche, élégante. Les bords du Rhin sont aménagés en jardin. Une propreté dans les moindres détails, l'abondance dans les magasins à vous donner le vertige….nous sommes entrés dans un super marché, il y avait tant de produits que je me suis presque trouvé mal…..après les magasins vides de Budapest…..c'était effarant !

Et puis que de luxe, de circulation, de voitures jamais vues, de boutiques prestigieuses comme sur les Champs Elysées, le monde occidental dans toute sa splendeur.

Je commençai à travailler, j'aurai des tâches administratives, mais l'allemand était un handicap ne serait-ce que pour le téléphone. Je pouvais faire appel à une collègue...mais c'était gênant et pas très apprécié.

Et puis la mauvaise nouvelle arriva. Le lycée français que devait fréquenter mon fils ne fonctionnait que jusqu'à la troisième. Pour les autres classes, l'enseignement se faisait par correspondance, non envisageable dans notre cas.

Imaginez notre déception!

Il fallait trouver un lycée avec internat, mais l'allemand était obligatoire. Metz se trouvait à quatre cents km, beaucoup trop loin. J'en parle à mon fils qui se met à hurler : si c'était pour être séparé, ce n'était pas la peine de faire tout ça !

Il est finalement allé dans un internat en Belgique, à quatre-vingts km de moi, où l'enseignement était francophone. On pouvait se voir tous les week-ends.

Notre gaieté habituelle nous faisait défaut.

Quelqu'un me demande au téléphone au Consulat, ma collègue vient m'aider car je n'y comprends rien. Elle me dit que c'est le service de la gare, mon déménagement est arrivé.

La livraison se fera le lendemain. Je prends un jour de congé. Je suis heureuse de retrouver mes affaires, un peu de normalité dans l'appartement ne sera pas superflu.

Un grand camion arrive avec une grue. Ils déposent dans la petite rue où nous habitons d'énormes containers en bois qui ont été fabriqués en Hongrie pour transporter les meubles, et repartent immédiatement. Je n'ai rien pu faire! Ces containers étaient immenses, seule une grue pouvait les déplacer.

Je me retrouve hébétée avec mes meubles dans la rue. Heureusement seuls les riverains venaient dans cette rue. Mais les Allemands ne supportent pas le désordre, ils allaient porter plainte, tout le quartier venait sonner chez la Française et ses drôles d'histoires !

Tout est resté là plusieurs jours, je ne trouvais aucune entreprise qui veuille bien se charger de l'ouverture des immenses colis en bois, monterait les meubles à l'étage et surtout évacuerait ce bois.

Après ces incidents, nous allions retrouver un peu de bien être. Quel plaisir de se retrouver dans un lit! Mes meubles m'apportaient du réconfort mais les souvenirs sortaient des tiroirs.

J'avais des nouvelles de Budapest, de belles lettres de Mariskanéni qui me réconfortait. Je les gardais longtemps sur ma table de nuit. Je n'osais pas encore l'appeler, je crois que c'était trop tôt.
Agi aussi m'écrivait…..me félicitait…..Elle avait rencontré un Américain….elle était folle de joie….c'était sérieux… puis ils se sont mariés…..et ils sont partis aux Etat- Unis.
 Nous ne nous sommes jamais revues…..mais que de lettres ont été échangées!

Aux autres amis, j'envoyais surtout des cartes postales, sachant qu'ils étaient heureux de voir des photos de villes occidentales.
Tibike aussi écrivait à son père, sa grand'mère et ses copains, mais il ne m'en parlait pas.

Le week-end, quand mon fils venait, le dimanche matin nous allions nous promener au bord du Rhin, mes pensées étaient souvent près d'un autre fleuve, nous portions des jean's, nous avons vite remarqué que ces vêtements étaient déplacés, les gens s'endimanchaient. On dénotait,

ce n'était pas apprécié, et si l'on riait, on nous détaillait ….cela ne se faisait pas….
Un jour, nous avons traversé une rue déserte sans être sur un passage piétons, un homme d'un certain âge nous a fait une remontrance assez désagréable, heureusement nous n'avons pas compris.

Au Consulat, je n'étais pas appréciée, j'étais la seule femme divorcée et avec un enfant moitié Hongrois…..de plus, j'avais passé quinze ans derrière le rideau de fer.

Personne ne connaissait ma vie, mais une certaine méfiance était
perceptible. On me parlait peu, le travail n'avait rien de passionnant…..des dossiers et des dossiers….
J'avais la chance d'être seule dans un bureau… ainsi on m'oubliait…

Noël approchait, je pourrais prendre quelques jours de congé, mon fils serait en vacances, nous serions enfin chez nous tous les deux!

Ensemble, nous avons décoré le sapin, préparé un bon repas, décoré notre appartement avec des bougies, c'était Noël….nous faisions semblant…

Décision de mon fils

Cette soirée terminée, mon fils me dit : tu sais, je n'en peux plus, au lycée on me traite de sale communiste, je n'ai plus de chez moi, de famille, de copains. Et puis, je ne m'habitue pas à vivre ici. Pour toi c'est facile, tu es d'ici, moi pas !

S'il te plait achète-moi un billet de train, je veux repartir!

Je ne suis même pas étonnée…..je n'essaie même pas de le dissuader…je le comprends.

Le lendemain, on en reparle calmement. Je lui explique que s'il retourne, il risque de ne plus pouvoir sortir. Avec son passeport, il peut à priori, séjourner trente jours en Hongrie, le trente-et-unième jour, il redevient résident hongrois en Hongrie. C'est fini. Il n'est pas exclu qu'on lui reprenne son passeport s'il est pris dans une situation qui ne plait pas aux autorités. Pour eux il est Hongrois!
Il ne démord pas de sa position. Il veut repartir en Hongrie, puis il verra!

Il était encore mineur, je pouvais ne pas accepter…mon cœur de maman ne l'acceptait pas…mais je savais qu'il fallait le faire.

Je lui ai acheté le billet de chemin de fer.

A son arrivée à Budapest il m'a appelé, puis plus rien!

Par Mariskanéni et Agi, je savais qu'il habitait chez son père qui s'était remarié et chez sa grand'mère. Le téléphone ne fonctionnait pas toujours bien et puis il était difficile d'en savoir plus. Je ne pouvais pas joindre mon enfant.
J'essayais de ne rien montrer à mon travail, personne n'aurait compris. Pour mes collègues de Düsseldorf, il était impensable d'aimer un pays de l'est ….et surtout de vouloir y vivre! Et puis on ne pouvait se lier d'amitié avec des communistes!
Les réactions étaient les mêmes en France aussi, il m'était arrivé d'aborder ce sujet, personne ne pouvait comprendre notre vie en Hongrie. C'était toujours mal vu.

La Guerre froide existait toujours et l'Allemagne était coupée en deux. Mieux valait ne pas parler de ce sujet douloureux.

Et s'il ne revenait pas…………………je ne pourrais pas le supporter…! Je repartirais moi aussi, j'essaierais de trouver un emploi chez les Hongrois, sans aucun risque politique…cela ne serait pas facile.

En tout cas, je ne laisserai pas mon fils seul, là-bas….

Dévorée par la souffrance et l'inquiétude, j'attendais!

Le temps était si long….

Les nuits interminables, je marchais de long en large dans l'appartement, sans pouvoir trouver la paix. Le matin, je me traînais au travail. J'évitais mes collègues.

Et puis un soir, le téléphone sonne…………c'est mon fils!

« Maman, je rentre demain »!
(C'était le vingt-troisième jour).

Nous nous sommes retrouvés, émus…..presque gênés…

Il avait encore mûri, il avait décidé : il voulait vivre en occident, il aimait toujours la Hongrie mais il avait changé, avec ses yeux d'aujourd'hui, il la trouvait moins intéressante. Il y retournerait ….plus tard…..pour y passer des vacances.

Il a repris le lycée, avec le temps, il s'est fait des copains, des copines, les difficultés s'atténuaient. Son autre monde lui manquait moins. Il devenait conscient que la liberté est indispensable!

Moi de mon côté, je me sentais libérée, prête à tout pour que nous soyons bien. J'allais me mettre à l'allemand, cela nous faciliterait les choses.
J'avais retrouvé l'espoir, le calme, ma bonne humeur aussi, une vie nouvelle s'offrait à nous….

Peu après 17 heures, je suis en train de clôturer le dernier dossier de la journée, le téléphone sonne, la secrétaire me dit que l'on m'attend……

j'ouvre brusquement la porte de mon bureau, bouscule un inconnu… dans le couloir.

Je l'observe……

Il se présente et me dit: je suis le nouveau professeur d'allemand!